El negociador creativo

Stephen Kozicki

EL NEGOCIADOR CREATIVO

dve PUBLISHING

© Editorial De Vecchi, S. A. 2018
© [2018] Confidential Concepts International Ltd., Ireland
Subsidiary company of Confidential Concepts Inc, USA
ISBN: 978-1-68325-825-4

Agradecimientos

Con frecuencia se dice que *Ben Hur* fue una producción con un gran presupuesto, pero no fue nada comparado con la redacción de este libro, por ello querría agradecer a algunas personas su ayuda y su sabiduría: Doug Malouf, Thais Turner, Margaret McAlister, W. T. McCabe, Allan Stomann, Nigel King, John Leftwich, Greg Hooper, Phil Shorten, Allyn Day y, sobre todo, Gillian por su paciencia y su comprensión.

Índice

Prólogo

Negociamos siempre, todos los días.

Los profesores negocian con la administración y con sus alumnos.

Los médicos negocian los tratamientos con sus enfermos.

Los padres negocian la vida cotidiana con sus hijos.

La cuestión es evidente: de cara al próximo milenio es esencial ser competente en el terreno de la negociación con los demás. Debemos reconocer y desarrollar este talento y a ello le podrán ayudar los conocimientos adquiridos en esta obra.

Pocas personas conocen también como Stephen Kozicki el arte de la negociación. Mientras iba observando su carrera, escuchaba a mucha gente decir: «desearía tener el talento de Stephen». Un día, tiempo después de una conversación con uno de sus satisfechos clientes sobre sus dotes de negociador y de hombre de la comunicación, me volví hacia él y le dije: «escucha Stephen, creo que ha llegado el momento de que nos hagas partícipes de tus conocimientos. Mucha gente desearía conocer cómo haces para obtener tan buenos resultados. ¿Por qué no escribes un libro?».

Stephen, que ya se había planteado esta posibilidad, se adentró en esta aventura y escribió su primer libro. Cuando vi el resultado de su trabajo, me sentí feliz por él y a la vez por sus futuros lectores. Su estilo sencillo y a la vez cálido le permitirá comprender los principios esenciales de la negociación, sin miedo a sumergirse, página tras página, en un texto teórico, escrito en una jerga incomprensible.

Stephen es uno de los negociadores más competentes y más experimentados de Australia. Su opinión es de las que importan, pero más importante todavía resulta que sea capaz de explicar claramente cómo llegar a obtener resultados convincentes sin tener que recurrir a tácticas, engaños o manipulaciones. Esto constituye la esencia misma del negociador inteligente.

Los consejos que se ofrecen en este libro son cada vez más útiles porque las investigaciones demuestran que no sabemos comunicar.

No escuchamos de verdad a la gente.

No nos concentramos bastante.

Sólo hablamos a nuestros vecinos.

No hablamos a los desconocidos.

Este libro nos ayudará a salir de nuestra coraza. Nos animará a escuchar más atentamente y a negociar en lugar de discutir o sencillamente abandonar. Después de todo, interiormente, todos somos iguales, con las mismas necesidades y deseos que sólo podremos satisfacer comprendiendo a los demás y negociando con ellos.

El gran Dale Carnegie, en su libro *How to Win Friends and Influence People* «Cómo hacer amigos e influir en ellos», nos anima a acercarnos a los otros, a abrirnos a ellos. Stephen Kozicki ha retomado este consejo y lo ha desarrollado. Escuchar a los otros, después evaluar lo que han dicho y adaptarse. En otras palabras: negociar.

El *Negociador creativo* es una obra capital para el comienzo del nuevo siglo, que deberá figurar en un lugar destacado en su biblioteca, entre otras obras sobre el mundo de la comunicación y de los negocios.

Estoy orgulloso de haber contado con Stephen Kozicki como socio en esta aventura.

DOUG MALOUF

NOTA DEL EDITOR

Para permanecer fieles al pensamiento del autor, hemos mantenido las circunstancias y anécdotas extraídas de su experiencia australiana. Australia constituye, por otra parte igual que Estados Unidos, un modelo económico en el que la negociación ocupa un lugar muy destacado en las relaciones comerciales.

Introducción

La negociación es un procedimiento muy sencillo. Se trata, de hecho, de que dos partes, sentadas una frente a otra, lleguen a un acuerdo, a una solución que idealmente debe satisfacer a las dos, a un esquema ganador/ganador.

Me gusta considerar la negociación como el arte de concluir un acuerdo resolviendo todas las diferencias gracias a la creatividad.

Antiguamente, «negociar» era hacer comercio y «negociación», era la acción de comerciar. Estas dos palabras estaban entonces muy próximas a su origen latino negotiari *y* negotiatio.

Si la negociación de una letra de cambio, expresión moderna que designa la transmisión de un efecto, se sitúa todavía en el marco estricto del negocio y de sus prácticas, es necesario reconocer que las palabras de esta familia tienen hoy en día significados mucho más amplios, sobrepasando el acto del comercio en sentido estricto.

Con el término «negociar» el diccionario se refiere a la acción consistente en conducir una negociación, es decir establecer un acuerdo entre dos partes con intereses diferentes.

Dicho esto, quizás usted se pregunte por qué he querido escribir un libro titulado *El negociador creativo*. Si es tan sencillo ¿por qué escribir un tratado sobre el tema? ¿no hay ya bastantes obras sobre este tema? ¿para qué escribir otra más? En primer lugar, sencillamente porque las obras que hay en el mercado hacen de la negociación un procedimiento complejo. *El negociador creativo* le enseñará, paso a paso, un procedimiento fácil para obtener el éxito que se puede resumir de la manera siguiente.

Flexibilidad en el estilo de la negociación (moviéndose en un contínuum, entre rápido y reflexivo).

Propuestas cuidadosamente planificadas (realista, aceptable, o más desfavorable).

Seguimiento absoluto de estos cuatro principios básicos:

1. No hay reglas.
2. Todo es negociable.
3. Obtener condiciones más favorables.
4. Aprender a decir «no».

Aprenderá siguiendo un ejemplo de negociación que pasa por las cuatro fases y a desarrollar un plan que le dará una base sólida para llegar a un acuerdo final.

Después le mostraré que las negociaciones podrían ser (llegan a ser) un proceso creativo. Hay un número infinito de maneras de llegar a una solución creativa. Para un negociador atento y experimentado no hay ninguna razón para tomar esa actitud agresiva adoptada por negociadores desprovistos de imaginación. Cuando haya comprendido que las necesidades y los deseos que le motivan son compartidos por la otra parte, será capaz de servirse de este conocimiento antes que utilizarlo contra el otro, a fin de alcanzar un acuerdo satisfactorio para ambos. En fin quiero demostrar a todos, desde el hombre de negocios hasta el que sólo desea comprar un frigorífico nuevo, que no hay nada que no se pueda negociar, tanto si se trata de mobiliario como de acuerdos internacionales. Siempre es posible, efectivamente, si se sabe cómo actuar, negociar un precio, una mejor fecha de pago o cláusulas más favorables en un contrato.

Cuando esté en posesión de estos pequeños secretos, se sorprenderá al descubrir todo lo que podrá obtener cuando haya afinado su técnica.

No tendrá que soñar más con contratos maravillosos para sus productos o sus servicios, porque llegarán a ser una realidad y desde luego sin engaños ni presiones hacia la parte contraria.

Para obtener estos resultados, deberá imaginarse a sí mismo como un funambulista sobre una cuerda tirante que cimbrea a medida que la negociación progresa, pero sobre la que tendrá que permanecer en equilibrio.

Un conocimiento suficiente del arte de la negociación, aliado con un respeto real hacia las necesidades del otro sector, marcará realmente las diferencias en su vida profesional. Este fue mi caso y el de quienes han compartido mis conocimientos. Le animo, pues, a seguir este consejo: no se conforme con leer este libro, aplique los consejos que le ofrece a fin de poder apreciar toda la magia de la negociación creativa.

STEPHEN KOZICKI

CAPÍTULO 1

La técnica
de Cristóbal Colón

«La imaginación es más importante que los conocimientos».
ALBERT EINSTEIN

La próxima vez que alguien le pregunte si forma parte de los que creen que la Tierra es plana, escuche con atención; esta persona, en efecto esta intentando hacerle comprender con cierta sutilidad, que usted es apático, que abra los ojos, que le falta amplitud de espíritu.

En fin, le esta diciendo que si Cristóbal Colón no hubiera demostrado que la Tierra es redonda, usted podría estar preguntándose qué es lo que haría en las próximas vacaciones.

Felizmente, Cristóbal Colón miraba a lo lejos y con amplitud. Hace unos quinientos años, se vio en una especie de sueño despierto, descubriendo nuevas vías de navegación que darían la vuelta al mundo. Sabía que la Tierra era redonda, pero para emprender tal expedición y demostrar que tenía razón, necesitaba el apoyo, a la vez moral y financiero, de la monarquía española, y desgraciadamente resolver uno o dos problemas antes de partir.

Por una parte los defensores de que la Tierra era plana eran muy poderosos. Todo el mundo estaba de acuerdo, y peor todavía, declaraban que todo lo que valía la pena ser descubierto ya lo había sido. Por otra, Colón era prácticamente un desconocido y no había descubierto nada importante para la humanidad.

Esta, hay que reconocerlo, no era la situación ideal para emprender negociaciones. Cristóbal Colón, buen aventurero y visionario no se dejó descorazonar. Decidió poner a punto un proyecto tan tentador que los reyes de España serían incapaces de decir «no».

Cristóbal Colón, hombre astuto, sabía perfectamente que los reyes de España también deseaban incrementar sus rentas. Para ellos no era cuestión de sostener un ambicioso proyecto que les costaría mucho dinero, sin que les aportase nada a la vuelta o, peor, los ridiculizara ante al mundo. Pero nuevas rutas comerciales..., abundantes riquezas..., eso sí que era seductor.

No obstante, Colón, por su parte, no estaba dispuesto a humillarse y a suplicar que se le diera la oportunidad de demostrar que tenía razón, sin estar seguro de beneficiarse también él, con una parte equitativa del mercado. Sabía que el único medio para tener éxito era encontrar un esquema ganador/ganador, aunque ciertamente no lo presentara en estos términos.

Adentrémonos, no sin admiración, en su técnica. En primer lugar, estaba totalmente convencido de tener razón: la Tierra era redonda y no plana.

Sin embargo, no ignoraba que saber que se tiene razón no significa que los demás vayan a creerlo y acepten hacer lo que se les dice. Por esta razón, antes de que las primeras reuniones tuvieran lugar, ya había estudiado todos los aspectos posibles del problema.

Empezó, al presentar su proyecto a los soberanos, negociando las condiciones de su participación en la aventura. No reclamó sólo barcos, sino que pidió también títulos, honores e incluso un porcentaje sobre los beneficios que se obtendrían gracias a la nueva ruta. ¿No cree que, en estas condiciones, esta gran seguridad jugó un papel primordial en las negociaciones y fue la causa de su éxito? Después de todo, se debió preguntar la reina Isabel ¿por qué hubiera pedido una parte de los beneficios, si no estuviera convencido de que la aventura merecía la pena?

Concluido el acuerdo, llegó incluso, punto final y hábil de estas negociaciones, a hacer firmar a la reina un acuerdo que le supondría abandonar otros beneficios sustanciosos. En conclusión, la reina quedó encantada y Colón también. Era el triunfo del esquema ganador/ganador.

Hoy resulta poco probable que las negociaciones en las que usted se pueda ver implicado tengan el mismo impacto que tuvieron en su día para el navegante Cristóbal Colón, puesto que, felizmente para él, el Nuevo Mundo fue descubierto y conquistado hace ya unos cuantos siglos.

De todas maneras, su técnica siempre le puede servir para triunfar en sus empresas. Puede permitirle llevar a buen término cada negociación. Tanto si se trata de decidir el sitio donde usted y su familia pasarán las próximas vacaciones, de pedir un aumento de sueldo o de un acuerdo comercial internacional, el método de Colón es siempre una garantía de éxito.

Examinémoslo un poco más atentamente.

La técnica

En primer lugar, Colón sabía perfectamente que, para que pudiera haber negociaciones, hacía falta que todas las personas implicadas pensaran que el acuerdo les iba a aportar beneficios. En resumen, las dos partes han de estar implicadas en el negocio. Una vez admitido este principio, el resto no es más que una cuestión de sutileza.

Cuando el verdadero proceso de negociación empieza hay que mostrase creativo. Copie la siguiente frase en una hoja de papel y déjela a la vista en su despacho.

Negociar es el arte de llegar a un acuerdo resolviendo los problemas gracias a la creatividad.

Si examinamos con atención lo que Colón propone a sus majestades, nos daremos cuenta de que:

— ha pensado en todos los detalles;
— ha conseguido la victoria haciendo gala de creatividad.

Este proceso gira en torno a tres factores:

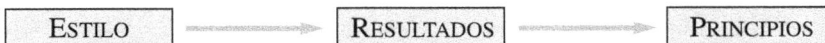

ESTILO	→	RESULTADOS	→	PRINCIPIOS

Estos tres factores, agrupados para más comodidad bajo las siglas ERP (muy poco poéticas, por cierto), todavía son válidos hoy, quinientos años después de ser aplicados por Colón.

El estilo

Poca gente es consciente de la importancia del estilo y por ello inicia un proceso de negociación siempre de la misma manera. Esto supone una pérdida de tiempo y se comprueba que es poco constructivo. Después de todo, usted no trata a sus amigos y a sus relaciones de la misma manera ¿no es así? ¿no se muestra un poco más condescendiente, para no herirlo, con alguien que es un poco más sensible que los demás? ¿no hay en su familia una persona tan testaruda que le obligue a enfadarse para hacerla cambiar de opinión?

Todos somos distintos y todas las negociaciones son diferentes. Tiene que modificar su estilo en función de la persona con la que trata y de lo que espere de la negociación.

Hay dos estilos perfectamente adecuados para el inicio de toda negociación y que aseguran el éxito en el procedimiento.

El primero es el estilo rápido y el segundo el estilo reflexivo.

Sin conocer la existencia de estos dos estilos, es difícil saber:

a) cuándo empezar a negociar;
b) si se ha obtenido el mejor resultado.

Debe saber también, cuándo hay que abandonar la discusión y dejar la mesa de negociaciones. Este resultado es a veces más provechoso que todas las concesiones reclamadas para concluir un negocio.

También puede ser útil, tener un modelo con el que comparar el resultado elegido. Piense en su estilo como en un contínuum que, en un momento dado, le da cierta capacidad en función de su elección.

RÁPIDO	⟶	REFLEXIVO

EL ESTILO RÁPIDO

Utilice este estilo cuando la negociación se ha de desarrollar rápidamente y en especial cuando sepa que no volverá a trabajar (al menos en un futuro próximo), con esa persona o esa empresa.

También tiene la característica fundamental de ser a la vez bastante equitativo para el comprador y para el vendedor, colocando a cada uno en su posición.

Tomemos un ejemplo: su viejo frigorífico se ha estropeado definitivamente y necesita comprar otro con urgencia. Va a unos grandes almacenes y allí está: el modelo de sus sueños con dispensador de cubitos, deshielo automático, etc. Lo desea con entusiasmo aunque cueste más de 200.000 ptas. Se frota la nariz, reflexiona algunos minutos, comprueba el saldo de su cuenta corriente y se dirige a la tienda especializada en frío, al otro lado de la calle.

Allí ve el mismo modelo pero su precio aquí es 215.000 ptas. El vendedor, no obstante, está dispuesto a ofrecerle un pequeño descuento. ¿Qué decisión tomará?

Es indiferente que se sienta un poco incómodo por creerse obligado a regatear como en un zoco de Oriente Medio. Le basta decir:

«Y si me lo llevo inmediatamente, ¿a qué precio me la dejaría?».

¡Se sorprenderá al ver qué descuento está dispuesto a hacerle para realizar la venta! E incluso podrá, una vez acordado el precio, pedirle que se lo lleven a casa gratuitamente.

Pero, recuerde, este estilo sólo conviene cuando se trata de tomar rápidamente una decisión y no hay relaciones comerciales a largo término en juego. Cuando usted vuelva a la tienda a comprar el último modelo de refrigerador, dentro de unos años, su propietario, probablemente la habrá traspasado a otro.

Acabamos de ver que el estilo rápido es de los más útiles cuando se trata de negociar la compra de una casa, de un coche, o de unos muebles, etc. Sin embargo, es esencial que comprenda que aquellos que tienen éxito en los negocios o en las relaciones públicas negocian constantemente. Este estilo, en tales circunstancias, resulta absolutamente inadecuado (léase desastroso).

Debe saber, por tanto, cuándo y cómo emplear el estilo reflexivo.

EL ESTILO REFLEXIVO

Probablemente ya ha comprendido que, si es conveniente utilizar el estilo rápido cuando no están en juego relaciones comerciales a largo plazo, será necesario recurrir al estilo reflexivo cuando desee comenzar o mantener relaciones duraderas, o más especialmente, cuando el acuerdo sea vital para su empresa y deba, además, satisfacer a las dos partes.

Saber que estas relaciones, así establecidas, deberán durar meses, años, incluso decenas de años, guiará su elección. Por ello, será necesario que admita:

- que se requiere cooperación y esfuerzo de las dos partes para llegar a un acuerdo;

- que requiere tiempo y mucho trabajo;

- que implica aceptar que se realice un paso adelante, un paso al lado, un paso atrás y así continuamente hasta la conclusión.

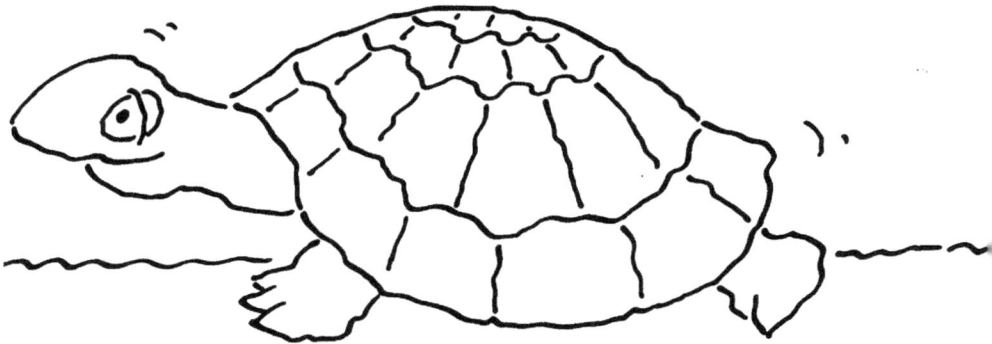

Vamos a poner un ejemplo que ilustra perfectamente este estilo. Estaba yo negociando con un gran banco de Australia el suministro de material informático y de consumibles, para todos los países de la región del Pacífico Sur.

Después de numerosas reuniones con el director de compras del banco, finalmente fue redactado un contrato y ya estábamos a punto de firmar cuando él se paró y me dijo:

«Una última cuestión, Stephen. Nuestros servicios consumen gran cantidad de estos productos y desearíamos, por ello, una pequeña mejora en cuanto a la entrega».

Antes que dejarme invadir por un claro sentimiento de frustración, enmarqué rápidamente la situación y me dije que aceptar lo que me planteaba sólo podía ser beneficioso para los dos.

Los dos habíamos resuelto, con un poco de creatividad, nuestro problema: él tenía su entrega y yo un contrato más lucrativo. Un contrato que, por otra, parte superaba mis previsiones en un 40 % desde el primer año.

¿Estábamos los dos contentos con el resultado? ¡Perfecto!

Tal como acabamos de ver, la elección de un estilo concreto puede influir mucho en el resultado de una negociación.

He aquí un resumen de las características de los dos estilos.

Estilo rápido	Estilo reflexivo
Problema de tiempo	No hay problema de tiempo
Una sola reunión	Varias reuniones
Relaciones a corto plazo	Relaciones a largo plazo
Única consideración, el precio	Numerosos resultados y variantes
Gran emotividad	Emotividad controlada

Recuerde el contínuum:

RÁPIDO	REFLEXIVO

La mejor posición para empezar una negociación está justo en el medio. Efectivamente es más fácil, cuando uno tiene absolutamente decidido un estilo, desplazarse a lo largo de este contínuum en un sentido o en otro.

No obstante, será necesario, para que esta aproximación dé sus frutos, que muestre en todo momento una gran flexibilidad.

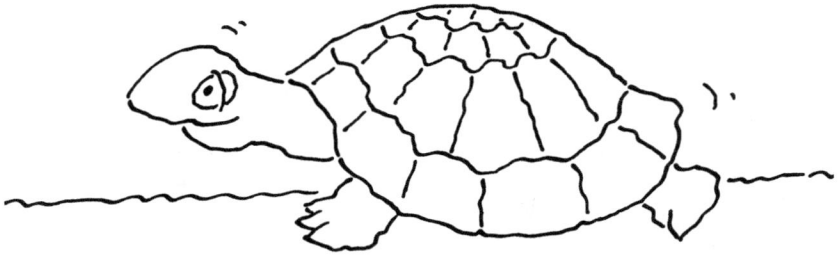

He visto cómo numerosas negociaciones reflexivas se transformaban en negociaciones rápidas, y después volvían a ser reflexivas en el margen de unas horas. Este proceso puede prolongarse hasta que las dos partes lleguen a un acuerdo. Sólo porque usted haya decidido utilizar un estilo no logrará que la otra parte vea las cosas de la misma manera.

La elección del estilo que conviene adoptar está en relación directa con el resultado buscado. Si comienza una negociación con una posición que se podría resumir así: «Sé lo que quiero y no desistiré, cueste lo que cueste», podrá entonces esperar que en el resultado de las conversaciones se refleje esta falta de preparación y de reflexión.

Si Cristóbal Colón hubiera actuado de esta manera con la reina Isabel y el rey Fernando, el resultado de sus conversaciones hubiera sido muy diferente. Si las hubiera comenzado con un único objetivo: «Quiero el acuerdo con el rey y la reina para descubrir una nueva vía de navegación», la negociación hubiera sido unilateral y habría tenido que aceptar la primera proposición que le hubieran hecho.

El resultado varía por tanto con cada estilo, y la preparación es el elemento clave. Es tan importante examinar la cuestión del resultado como la del estilo; esto nos lleva naturalmente a la «R» de ERP.

Los resultados

Igual que existen diferentes estilos de negociación, existen diferentes resultados posibles:

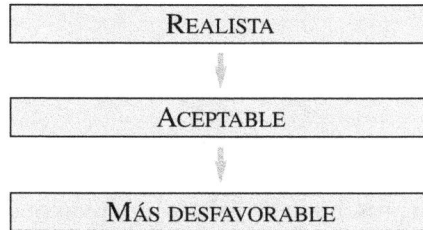

```
┌─────────────────────────────┐
│          REALISTA           │
└─────────────────────────────┘
               ⇩
┌─────────────────────────────┐
│          ACEPTABLE          │
└─────────────────────────────┘
               ⇩
┌─────────────────────────────┐
│       MÁS DESFAVORABLE       │
└─────────────────────────────┘
```

Es obligado en toda negociación saber qué se espera obtener en esa transacción y hacer todo lo posible para conseguirlo.

Sin embargo no lo oriente todo en una única dirección

¿Por qué?

Porque numerosas investigaciones han demostrado que los negociadores que se han planteado varios resultados posibles tienen más posibilidades de obtener lo que desean, que los que sólo contemplan un único objetivo.

De acuerdo, deje margen, pero dedique tiempo, antes del comienzo de las discusiones a analizar todos los resultados posibles, incluyendo los menos favorables.

REALISTA

Es la situación ideal, las dos partes están perfectamente satisfechas del resultado de la transacción. Se puede llegar a esta conclusión tanto con el estilo rápido, como con el estilo reflexivo. Es el clásico esquema ganador/ganador que hará que las dos partes estén animadas a continuar trabajando juntas. Es, por tanto, el resultado que debe esforzarse por alcanzar, cualquiera que sea la situación.

Aunque las dos partes, como acabamos de ver, pueden tener la sensación de haber ganado después de una negociación con estilo rápido, se llega con más frecuencia a este resultado gracias a una negociación reflexiva, durante la cual la dos partes trabajan de manera creativa para alcanzar un acuerdo realista.

¿Recuerda al director de compras de un banco que me pedía un adelanto en la entrega? En este caso, el negociador del banco, había utilizado la táctica clásica del «y si...» antes de finalizar las conversaciones. Únicamente adoptando una aproximación creativa mediante el esquema problema-solución fue firmado el contrato. Modificando el cómputo de adelanto permitido pude asegurarme el contrato.

¿El resultado? Un éxito personal y profesional para las dos partes. Las dos estábamos satisfechas del acuerdo y del resultado realista de las negociaciones.

ACEPTABLE

A medida que descendemos en la escala de valores, los diferentes resultados son más representativos del estilo rápido que del reflexivo. En el caso de un resultado aceptable, tendrá la impresión, al final de la negociación de que, aunque el acuerdo sea conveniente, hubiera podido ser mucho más favorable. No se entretenga, sin embargo, en estas consideraciones, son contraproductivas.

Le propongo realizar una pequeña experiencia.

La próxima vez que tenga que comprar un objeto cualquiera, vaya a cuatro tiendas similares y compruebe los precios. Ciertamente, constatará importantes diferencias. En la mayor parte de los casos, estos precios sencillamente corresponden a cantidades establecidas por una persona y, todavía más, en la mayor parte de los casos, los clientes aceptan pagar este precio como si fueran inamovibles.

Es falso. Pida que le hagan un descuento. Quedará gratamente sorprendido del resultado.

Para comprobarlo, he animado a mi mujer, Gillian, a que pida que le hagan un descuento en sus compras. Y, sin ningún problema, todas las tiendas visitadas se lo han hecho. Los descuentos iban desde las 500 hasta las 2.500 pesetas. Al final de la semana, había ahorrado cerca de 5.000 pesetas (que han servido, pobre de mí, para pagar una multa por aparcamiento indebido que yo había sufrido mientras tanto). No dude en pedir que se le hagan condiciones más favorables. Los comerciantes o los grandes almacenes siempre están dispuestos a bajar el precio de un producto o de un servicio, porque eso es mejor que nada.

Es lo que se llama un resultado aceptable.

MÁS DESFAVORABLE

Se puede encontrar con este tipo de resultado en los dos estilos de negociación, pero, no obstante, es más frecuente con el estilo rápido. Pongamos un ejemplo: si intenta obtener un descuento sobre una compra en un gran almacén y se le responde con un sonoro «no», es sin duda porque está en presencia de una persona que no está autorizada a hacerlo.

¿El resultado? Una situación perdedor/perdedor. Usted ha perdido porque no ha obtenido lo que quería, y el gran almacén ha perdido porque no ha vendido su mercancía. Es el peor resultado para las dos partes.

Si, en la misma situación, pero utilizando esta vez el estilo reflexivo, obtiene el mismo resultado, generalmente es porque un cierto número de factores emocionales han intervenido durante el proceso. ¿Es necesario destacar lo peligroso que eso puede ser? He visto cómo algunas empresas perdían miles de francos por culpa de directivos excesivamente imbuidos de sí mismos que no querían renunciar a su posición. Estoy convencido de que también usted ha sido testigo de tales situaciones.

La aproximación creativa problema/solución, no tiene lugar en tales casos, porque nos enfrentamos a una persona que se obceca en su razonamiento: «Tengo razón y usted está equivocado».

Aunque no esté acostumbrado, esto le puede suceder y quizá se encontrará, mentalmente, realizando grandes esfuerzos para intentar mejorar sus posibilidades.

Sin embargo, así como debe ser contemplado el peor resultado, también deberá tomar nuevas decisiones y buscar soluciones creativas.

Numerosos negociadores se hallan al principio con este resultado desfavorable por su método de preparación o más exactamente por su falta de preparación. Se sorprendería si conociera el porcentaje de negociadores que preparan sus reuniones sobre la marcha. Entonces, cuando el partido se ve perdido y lo peor se otea en el horizonte, enloquecen, y la transacción se acaba de una manera desastrosa.

Reflexione bien, sea creativo y previsor.

Esta frase debería estar enmarcada en su despacho, de manera bien visible. Podría, por ejemplo, ser muy creativo para usted o para la empresa con la cual va a tratar pensar en un «mal» resultado no como algo desfavorable, sino como un primer resultado. Un acuerdo parcial, objeto de una decisión reflexionada, puede marcar el comienzo de largas negociaciones, y en tal circunstancia, es lo más importante.

¿Qué significa todo esto?

Cuando considera el factor estilo, sabe que puede pasar del estilo rápido al estilo reflexivo e inversamente, según el giro dado por la negociación. Lo mismo ocurre con el resultado. Podrá subir o bajar los diferentes grados de la escala, en función del desarrollo de la negociación y del estilo que haya escogido. El verdadero negociador siempre busca resolver los problemas que se plantean a fin de obtener el acuerdo más satisfactorio. Antes que dar un puñetazo en la mesa o plantear exigencias exageradas, contemplará todas las soluciones posibles.

Para resumir, observemos la gráfica que viene a continuación. Combinando los dos elementos, estilo y resultado, tiene la posibilidad de modificar su planteamiento. Como Cristóbal Colón, usted también puede escoger la mejor vía que le conduzca al éxito.

En su próxima negociación utilice la técnica de Cristóbal Colón. Esto le permitirá escoger un estilo, planificar los diferentes resultados que se pueden contemplar y comenzar las discusiones con una cierta idea del resultado probable.

La mejor posición a adoptar en toda negociación se halla justo en medio de los dos contínuum. Ella le permitirá convertirse en un verdadero negociador creativo que se plantea el binomio problema/solución.

LA TÉCNICA DE CRISTÓBAL COLÓN

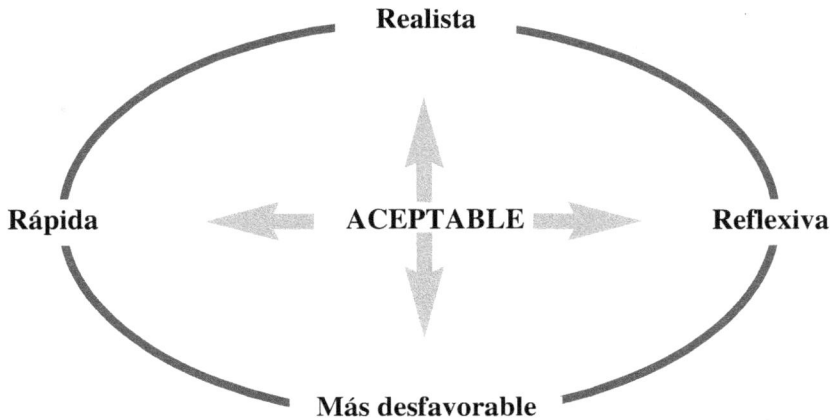

Realista

Rápida   **ACEPTABLE**   **Reflexiva**

Más desfavorable

Los principios

En un mundo perfecto, cada uno de nosotros creería en grandes principios y el mundo de los negocios tendría una ética irreprochable. Desgraciadamente, no vivimos en un mundo ideal y he visto a personas maravillosas perder sumas considerables porque creían, equivocadamente, que la otra parte tendría sinceramente en cuenta sus intereses.

No haga como esas personas, prepárelo antes todo. Piense en los cuatro principios siguientes antes de comenzar cualquier negociación. Así tendrá más posibilidades, no solamente de asegurar su supervivencia, sino de lograr el éxito.

NO HAY REGLAS

A menudo, oigo hablar del «proceso de negociación» como si se tratase de un juego. ¿Un juego? Esto es una concepción errónea común a muchas personas. Cada vez que he participado en una de esas negociaciones consideradas como un juego por la otra parte, esta ha perdido.

¿Por qué?
Porque ha creído que existían ciertas reglas.
Porque cree que no será superado.
Pero, estas suposiciones no resisten un análisis.

No dé nunca por supuesto que, si hace una propuesta generosa, la otra parte hará lo mismo.

Hay, no obstante, un medio de escapar a la trampa del «no hay ninguna regla». Establezca un orden del día desde el principio de la sesión. Esto le permitirá trabajar en un marco más restringido y, así mantener un cierto control de las operaciones.

TODO ES NEGOCIABLE

Cualesquiera que sean los hechos o las cosas en las que esté pensando, todo puede ser negociable. Las relaciones, los productos, los servicios, incluso la vida puede negociarse.

La mayor parte de las personas aceptan sin protestar, todos los días, los diferentes documentos que les envían abogados, contables, médicos, administraciones o importantes empresas, y sin embargo todos estos estarían dispuestos, si se les planteara, a aceptar precios más interesantes, diversos beneficios, mejores plazos de pago, etc. Recuerde que sólo es cuestión del resultado de la negociación y en ningún caso de sus principios o de los de la parte contraria.

Si usted adopta esta teoría según la cual todo es negociable, constatará qué fácil es llegar a un acuerdo satisfactorio para las dos partes. No crea que, porque se trata de un texto impreso en un papel con membrete o de un precio sobre una etiqueta dorada, estas palabras o estas cantidades están grabadas a fuego.

PIDA CONDICIONES MÁS FAVORABLES

Existe un paralelismo entre la razón que anima a las personas a no intentar negociar y la actitud dubitativa de los vendedores a la hora de preguntar a un cliente potencial si está interesado o no. Se trata de hecho de un tipo de reflejo condicionado, el miedo a oír la palabra «no».

LEA ESTE ANUNCIO

GRANDES REBAJAS EN ALMACENES ALBERTO

NO FALTE

LE ESPERAMOS

No nos gusta que se nos diga «no»; también nos esforzamos en evitar situaciones susceptibles de suponernos un rechazo. Si no ha estado nunca implicado en una negociación, pruebe el método explicado en este mismo capítulo. Inténtelo dirigiéndose a varios almacenes y pida que le hagan un descuento en la compra de un refrigerador. Podrá comprobar que la diferencia de precio, en un modelo idéntico, puede variar entre 6.000 y 25.000 ptas.

Pase a continuación a la fase siguiente. Vaya a la tienda que tiene el precio más bajo y propóngale un descuento. Es más que probable que, incluso aquí, el precio baje. ¡Anímese, pruébelo! Entrará así en el mundo de la negociación e iniciará su camino hacia el éxito.

APRENDA A DECIR «NO»

En una negociación deberá aprender a decir «no» y a someter un tema a discusión. Un negociador disciplinado se reconoce por su capacidad para decir «no» y para dejar la sala de reunión. He asistido a numerosas negociaciones en las que el resultado era muy malo (más, de hecho, que el resultado más desfavorable), pero donde las dos partes habían dedicado tanto tiempo y dado tanto de sí mismas, que nadie estaba dispuesto a decir «no»; de aquí surge la firma de un acuerdo absolutamente catastrófico.

Hace algunos años me contaron la historia de un directivo que viajó a Japón a negociar un contrato para su empresa. El acuerdo debía firmarse necesariamente con el fin de obtener una promoción muy deseada.

Disponía de una semana para concluir el acuerdo. A su llegada los japoneses, atentos anfitriones, se apresuraron a pedirle su billete de vuelta para confirmar su retorno.

¿Adivina cómo sigue? ¡Exactamente! Los japoneses que conocían la fecha de su vuelta actuaron de manera que las verdaderas negociaciones sólo comenzaron en el camino hacia el aeropuerto, el día de su partida.

Se sorprendió por la oferta que le hacían, pero obligado por la falta de tiempo, firmó el contrato. Hubiera debido decir siempre no, no y no.

En apariencia, parecía que los japoneses habían ganado, pero de hecho las dos partes salieron perdiendo puesto que su relaciones comerciales se cortaron allí.

Recientemente, he vuelto a vivir esta situación al asistir a un seminario sobre negociaciones internacionales en Nueva York.

«Me habría bastado decir no, me decía en un tono apesadumbrado, pero no soportaba la idea de volver a América sin el contrato firmado. Cualquier cosa antes que nada».

Aprenda a decir «no» y no solamente sobrevivirá como negociador, sino que obtendrá los resultados deseados.

Estoy seguro de que tales situaciones se producen varias veces al día en todo el mundo. Hay pues circunstancias en las que un «no» es preferible a un acuerdo catastrófico. Para acabar, esta facultad de decir «no» significa que la negociación ha estado bien preparada y que esta eventualidad ha sido contemplada entre los diferentes resultados posibles.

¿Y Cristóbal Colón?

Lo primero que Colón comprendió fue que un negocio no podía cerrarse más que con la participación de los reyes de la Corona de Castilla y de la Corona de Aragón. Consiguió también que estas negociaciones supusieran un proceso largo y reflexivo. También, después de haber decidido un estilo, optó por una presentación creativa de su proyecto y se fijó un resultado realista. Conociendo, por fin, los diferentes principios a respetar, resistió bien hasta que obtuvo lo que quería.

Transcurrieron siete años entre el principio de las conversaciones y el día en que embarcó a bordo de la Santa María. Aquí tenemos el ejemplo perfecto de las relaciones comerciales de éxito total a largo plazo.

Con respecto al equipamiento de sus naves las cosas fueron muy diferentes. Efectivamente, le bastó ir a una hostería, negociar con los marinos, después de volver a empezar en otra diferente. Cristóbal Colón, seguramente, hizo mucho por el comercio internacional y nos dejó un ejemplo perfecto de negociación de éxito todavía valida hoy día. Es una pena que Cristóbal Colón no estuviera en 1989, cuando los pilotos de las líneas australianas comenzaron su huelga tan impopular. En efecto, su opinión habría sido muy valida en las negociaciones. Los pilotos comenzaron las reuniones con ciertas exigencias y esperaban una resolución rápida del problema. La pena es que ellos exigían un resultado realista utilizando un estilo rápido.

Y, generalmente, los dos no van a la par.

El resultado de las negociaciones se complicó aun más con la entrada en escena del primer ministro, que también esperaba utilizar la misma táctica. Ya se imagina que con dos partes tan enfadadas y con ideas tan diametralmente opuestas el asunto iba a encallarse. Los hechos lo demostraron.

Seguramente usted tiene en la cabeza otros ejemplos en los que una persona habría podido salvar una negociación, gracias a una buena preparación, proponiendo una solución mejor. Observe a su alrededor y aproveche los errores de otros a fin de no cometerlos. ¿Está dispuesto a iniciar su próxima negociación con una posición problema-solución para encontrar soluciones creativas, o es usted siempre de los que creen que un puñetazo en la mesa y elevar la voz bastan para impresionar a la otra parte?

En resumen

El mundo de los negocios no es amable con el negociador principiante. Deberá pues, para su propia salvaguarda y la de su empresa, endurecerse. Si su umbral de resistencia al estrés inherente a toda negociación es muy bajo, el único consejo que puedo darle es que se entrene.

Si un día se le encarga negociar un contrato para su empresa y no se encuentra motivado, tenga el reflejo de decirlo porque realmente resultará más útil si permanece lejos de la mesa de negociaciones.

Cada negociación es diferente, pero los principios básicos que acabamos de ver son siempre los mismos. No hay trucos que se puedan conocer de memoria. Únicamente es una cuestión de entrenamiento.

Todos debemos negociar, todos los días, y es una técnica que aprenderá muy rápidamente gracias al método de Cristóbal Colón. Desarrollando sus actitudes también ganará en calidad de vida, porque eso le evitará notar con frecuencia que le domina el estrés cuando alguien diga: «discutámoslo».

La técnica de Cristóbal Colón

Acuérdese de las siglas ERP:

ESTILO

   rapido-reflexivo

RESULTADOS

   realista
   aceptable
   más desfavorable

PRINCIPIOS

   no hay reglas
   todo es negociable
   pida condiciones más favorables
   aprenda a decir no

CAPÍTULO 2

¿Es usted un negociador motivado?

«La calidad es una práctica, no un hecho».
ARISTÓTELES

Cuando usted se sienta en una mesa de negociación, naturalmente, desea lo mejor para su empresa.

Sin embargo, no hay que hacer un gran esfuerzo de imaginación para comprender que las personas que están al otro lado de la mesa, quieren exactamente lo mismo. También ellas están muy motivadas y ¿quién sabe? Quizá más.

Recuerde en sólo unos segundos lo que usted decía sobre el hecho de ganar cuando era pequeño. Piense en los deportes, en los estudios, en el juego, en el aspecto financiero de la negociación o en su carrera. Recuerde los propósitos de sus amigos. Probablemente descubrirá que se le ha acostumbrado a creer que ganar era lo más importante en toda competición.

En una negociación sucede lo mismo.

Desgraciadamente, el problema, dada esta noción de «vencer a cualquier precio» es que no tiene en cuenta las necesidades de la otra parte y que, si las dos partes comienzan sus discusiones en este estado de ánimo, la atmósfera se caldea y llega a ser muy tensa.

En el primer capítulo hemos visto cómo una negociación razonada (estilo reflexivo) constituye una solución de emergencia para las negociaciones «posicionales» (estilo rápido). Una negociación razonada estudiada, hace algunos años, en Estados unidos en el Harvard Negociation Project ha sido especialmente concebida para llegar, con eficacia y amabilidad, a acuerdos inteligentes.

El proceso de negociación razonado se compone de cuatro aspectos:

1. Las personas.
2. Los intereses.
3. Las opciones.
4. Los criterios.

Vamos a interesarnos más particularmente en el aspecto de las personas. Vamos a ver cómo las necesidades y los deseos que se abren paso alrededor de una mesa de negociación son compartidos por las dos partes. Es esencial poder disociar a las personas presentes de la negociación en sí.

Cuando tenga plena conciencia de lo que le motiva como persona, comprenderá mejor lo que motiva a los demás. Esto es la llave que le permitirá trabajar con y no contra la otra parte, a fin de resolver los problemas y llegar a una acuerdo satisfactorio; un principio que resulta válido tanto en el marco de las negociaciones entre personas como entre naciones.

Pongamos un ejemplo bien sencillo.

Uno debe comprender que si la otra parte sólo tiene un objetivo, su supervivencia, será una pérdida de tiempo considerar que su única motivación es el éxito del proyecto.

Suponga que un día tiene que negociar con un terrorista. ¿Se imaginará, aunque sea durante un solo segundo, que sus motivaciones son las mismas que las suyas? Realmente no, porque la negociación se orientará hacia cualquier otro asunto que no trate de los factores económicos; él no se preocupará evidentemente del desarrollo ni del contrato.

Afortunadamente, nuestra supervivencia y nuestra seguridad no están en juego en las negociaciones comerciales. Tenemos que satisfacer otras necesidades: el desarrollo, la preparación de un proyecto, su éxito. Nuestras necesidades personales tendrán pues una gran influencia en la manera en la que abordaremos el proceso de negociación y en sus resultados.

Las componentes de la negociación

¿Qué es lo que, con seguridad, puede determinar el éxito o el fracaso, sencillamente mirando a los ojos de algunos al otro lado de la mesa?

Deberá estudiar seis componentes principales?

1. El entusiasmo.
2. El reconocimiento.
3. La integridad.

4. Las aptitudes en sociedad.
5. El trabajo en equipo.
6. La creatividad.

El entusiasmo

El entusiasmo es contagioso. Es cierto que toda muestra de miedo o de desánimo será percibido por la otra parte, porque es imposible permanecer constantemente en guardia e impedir que nuestro cuerpo manifieste movimientos reveladores. Gestos o expresiones involuntarias trasmitirán a los otros que usted está fatigado, desanimado, enfadado o indiferente. Los que le observan están a la espera de estas muestras.

Póngase en condiciones. Considere lo que este contrato representa para usted, para su carrera, para su imagen y para su empresa. Prevea una negociación difícil, como un reto, y abórdela con espíritu de competición, no únicamente frente a los otros sino también frente a sí mismo. Recuerde mentalmente todos los resultados posibles a fin de estar preparado para las diferentes eventualidades, concentrándose en la más favorable. Apunte lejos. Muestre su confianza y su entusiasmo.

El reconocimiento

¿Qué significa para usted que la negociación culmine con éxito? Debería suponer una cierta forma de reconocimiento, de aprobación («¡bien analizado, ha tenido éxito!») y/o de recompensa financiera proporcional a los esfuerzos realizados. Debería dejar la sala de negociaciones radiante de orgullo por haber tenido éxito, pero si los demás no le testimonian su reconocimiento, incluso si no admiten su éxito es que el trabajo no le conviene o que debería cambiar de empresa.

Si este reconocimiento le supone un problema siéntese y reflexione.

¿Qué espera de su trabajo y de su empresa? ¿Dónde espera estar dentro de cinco años? ¿Cuánto quiere ganar o querría ganar durante los próximos cinco años? Fíjese objetivos concretos.

La integridad

No se comprometa nunca a pactar un acuerdo, aunque en el capítulo anterior hayamos visto que «no hay ninguna regla»; este principio sólo es válido para su autodefensa.

Cometería una cierta forma de suicidio profesional entregándose de esta manera al engaño.

El asunto no tardaría en saberse, y aparte del riesgo que representaría para la imagen que usted tiene de sí mismo, enseguida sería considerado como una persona carente de ética, o peor una especie de estafador.

Créese una reputación, por usted mismo y por su empresa, de integridad, de lealtad y de benevolente.

No se contente con algunas galanterías, muestre un interés real por el bienestar de la otra parte.

✔ Implíquese en cada nueva situación, hallando nuevas informaciones o asegurando el seguimiento del contrato. Asegúrese de que todo el mundo está satisfecho, incluyendo los empleados. No son siempre los dirigentes, en efecto, los que tienen más influencia.

Las aptitudes en sociedad

¿Están a gusto las personas en su compañía? ¿Aprecia usted la suya? Obtendrá más satisfacciones en el proceso de negociación si la otra parte le aprecia. Si usted es tímido o se encuentra incomodo en sociedad intente remediarlo.

Esto no significa, no obstante, que deba parecer que se esta divirtiendo.

Un interés real por los demás puede resultar muy útil. Olvide que está en un suplicio. ¿Quién le dice que el director general, sentado, con aspecto tranquilo, en el otro extremo de la sala, no está más angustiado que usted?

Adopte una actitud calmada, amable, si le resulta fácil, y sepa escuchar. Esté atento a las propuestas de los demás. Lleve ropas adecuadas a la circunstancia, pero siempre de acuerdo con su personalidad, para no tener el aspecto de un maniquí en un escaparate.

✔ Si su comportamiento en sociedad le supone un problema, realice algún curso, lea obras sobre el arte de la conversación o la manera de vencer su timidez y participe en charlas.

El trabajo en equipo

Los negociadores que prefieren trabajar solos fracasan más frecuentemente que los que cooperan con los demás.

Trabajar en equipo implica que se beneficia de la ayuda y de la energía de sus componentes (y de todos los empleados de la empresa) en cada etapa del proceso.

Esto es válido para el trabajo de investigación, los primeros contactos o la negociación propiamente dicha. Será bueno que aprenda a controlarse, lo que es esencial en una negociación, a no ser que únicamente tenga en cuenta lo que usted quiere y no lo que el equipo desea.

Y, lo que es mejor aún, no experimentará esa engorrosa sensación de soledad, como un equilibrista en la cuerda.

Piense en la negociación como en una máquina bien engrasada, que funciona silenciosamente y sin roces. No es más que uno de los componentes de la máquina y no puede trabajar sin los demás. Considere su «máquina» con una cierta distancia. Intente imaginar cuáles son las diferentes pequeñas piezas que, asociadas, producirán el mejor efecto. Pregúntese cómo podría aprovechar de la mejor manera estos recursos puestos a su disposición.

La creatividad

Es la que marca la diferencia entre el negociador imaginativo, seguro de sí mismo, y el principiante parlanchín. Necesitará probar constantemente nuevos métodos y desarrollar sus competencias.

Ante la eventualidad de que se encuentre en un atolladero, no olvide que generalmente hay un medio para salir. ¿Puede, por ejemplo, ceder terreno en un punto del contrato, disminuir ciertos costos o incluir una ventaja suplementaria para el intermediario de otro servicio de la empresa o de una filial?

No debe abordar una negociación con la idea de que «todo es negro o todo es blanco», porque existen una infinidad de tonos grises.

✔ Tome algunos acuerdos antes del comienzo de las reuniones con los diferentes participantes, a fin de disponer de una cierta libertad de maniobra. Establezca, si es posible, un vínculo con uno o varios de sus colegas que puedan ayudarle en caso de urgencia.

Todos somos diferentes y todos tenemos maneras diferentes de satisfacer nuestras necesidades fundamentales. Habitualmente nuestro comportamiento refleja estas disparidades para satisfacer las necesidades, que además, en una negociación, engorrosa, pueden cambiar radicalmente cuando las discusiones se prolongan.

> *La gran mayoría de los psicólogos considera que la motivación es la clave de todos los factores que dominan nuestro comportamiento y les imprime una dirección.*

Igualmente se tiene la costumbre de decir que, en una negociación, una persona o un grupo motivados resistirán más tiempo y con más constancia que una persona sin motivación o falta de experiencia. No obstante, deberá tener presente durante toda la negociación que le será imposible motivar a la otra parte a fin de que esta le sea más favorable.

No le quedará más remedio que crear una atmósfera propicia a la conclusión de un acuerdo lo más ventajoso posible.

Tener un papel en la definición de estas condiciones le ayudará a comprender mejor qué es una negociación dinámica.

Los negociadores seguros de sí mismos y que saben adaptarse a las diversas situaciones, son los que están bien preparados y tienen bastante confianza en sus capacidades, para asumir riesgos calculados y dar a las conversaciones una posibilidad real de acabar. En cambio, los negociadores abocados al fracaso desde el principio son los que sienten tal necesidad de seguridad que no se implicarán realmente en la negociación, más que cuando hayan visto la luz verde, no solamente del consejo de administración, sino también de los accionistas, y hasta del personal de la limpieza.

Cuando sea capaz de separar a las personas que participan en la negociación de la negociación en sí misma, constatará que los diversos problemas tienden a desaparecer. Incluso, cuando haya admitido que la parte contraria tiene las mismas necesidades y los mismos miedos que usted, estará en condiciones de comprender y de racionalizar su comportamiento.

¿Pero cuáles son las necesidades y los miedos de los que hablamos? Las personas se sientan generalmente alrededor de una mesa de negociación con todo tipo de necesidades, de las que algunas le podrán parecer extrañas o incomprensibles a usted, que está allí buscando un medio para concluir un negocio de venta en el marco de una amplia cooperación comercial —y confortables beneficios—, mientras que los demás sólo parecen querer una cosa, ¡regatear!

Las motivaciones

¿Qué es lo que les hace comportarse así? Numerosas personas en el pasado han intentado hacer un análisis. Resumiendo, estas son algunas de las necesidades que generalmente intentamos satisfacer en una negociación y que tienen tendencia a manifestarse sobre los nervios de nuestros adversarios.

La necesidad de destacar

La mayor parte de las personas que tienen éxito en su vida profesional experimentan una fuerte necesidad de destacar, de realizar cosas importantes. Esta necesidad, casi vital, explica porqué algunos por firmar un contrato, llegarían hasta suicidarse, comercialmente hablando.

Generalmente preparan la negociación fijándose un único objetivo: hacer lo que han decidido, concluir el negocio y eso no deja más que poco margen para posibles compromisos.

La necesidad de imponerse un reto y tener responsabilidades

Algunos intentan lograr la satisfacción de esta necesidad durante el proceso mismo de negociación. Sometiéndose así al desafío y permitiéndose imponerse, responden a sus aspiraciones.

El resultado de la negociación será, en consecuencia, satisfactorio para las dos partes.

La necesidad de alcanzar sus propios objetivos y los de la empresa

Algunos negociadores están dispuestos a aceptar grandes responsabilidades cuando saben que buscarán el mismo objetivo que su empresa. Este aspecto debe tomarse especialmente en cuenta en el trabajo de preparación, porque, si sabe que la parte contraria experimenta el mismo sentimiento frente a sus productos, sus servicios o su empresa, la negociación, en lugar de derivar en una confrontación entre las partes, se convertirá en una discusión constructiva durante la cual las dos buscarán la forma de resolver sus diferencias.

La necesidad de ser recompensado

Al margen de saber en qué aspecto somos —o creemos ser— fuertes en los negocios, nos gusta recibir una pequeña palmada amical en los hombros en recompensa al trabajo bien hecho, lo que tiene indudables implicaciones en una negociación.

Tenemos tendencia en efecto a volver a hacer aquello que nos ha valido una recompensa y, evidentemente, a no repetir lo que nos ha supuesto un revés.

Así, alrededor de una mesa de negociación, cuanto más recompensadas sean las iniciativas de la parte contraria, más grande será la calidad de las opciones propuestas.

Es pues muy importante considerar esta implicación recompensando o castigando tal o cual comportamiento, bajo pena de afectar al resultado de la negociación.

¿Qué significa todo eso?

Esencialmente esto: no se puede motivar a alguien a hacer alguna cosa, si no se pueden crear las condiciones que animarán a la otra parte a buscar un acuerdo favorable; lo que significa que realmente deberá hacer gala de capacidad de persuasión antes que contentarse con jugar a la manipulación.

Pongamos un ejemplo.

Supongamos que una sociedad deja solo a un proveedor en una pequeña sala, durante unos cuarenta minutos, antes del comienzo de una negociación.

¿Qué pasará?

La espera es generalmente estresante para la persona, que siente que poco a poco le entran dudas:

«No están interesados en el contrato».

«No les intereso».

«No soy nadie para ellos».

La sociedad en cuestión ha tomado así ventaja, situando al negociador en una situación poco confortable antes del comienzo de las conversaciones.

Reflexione ahora un segundo sobre lo siguiente: ¿Qué es lo que hace que se levante una mañana para coger un avión que lo lleve al otro extremo del mundo a iniciar conversaciones?

Si responde: «que mi empresa me la ha mandado» tiene un serio problema.

Reflexione bien.

Para preparar una negociación a fin de que tenga un resultado favorable, debe saber en primer lugar lo que realmente le motiva.

Existen numerosos factores capaces de motivar a una persona, pero para explicarlo sería necesario un estudio profundo de su personalidad como negociador.

Sabiendo lo que le motiva, podrá mantener el control de sus emociones en todos los pasos de la negociación. Efectivamente, cuando se presenta un problema durante el transcurso de las reuniones, es frecuente que los actores de la negociación pierdan rápidamente todo su sentido lógico y dejen que sus emociones tomen la iniciativa. La negociación está entonces en un callejón sin salida, o peor, abocada al fracaso.

¿Qué debe hacer si nota que está en camino de perder el control de uno mismo?

Haga una pausa.

Los adultos estamos muy marcados por nuestros pequeños hábitos. No nos gustan los cambios, especialmente si implican cierta forma de sufrimiento, lo que es frecuente en una negociación, cuando la otra parte presiona y nosotros no hemos preparado cuidadosamente nuestro dossier.

Digamos las cosas claramente.

Si no sabe qué es lo que le motiva como negociador, perderá la partida.

En cambio, si sabe claramente lo que le anima a actuar para lograr el objetivo fijado, alcanzará probablemente el éxito. En una negociación el que está más motivado tiene realmente una ventaja sobre su oponente.

La cultura de la negociación

Las motivaciones y las tácticas de los japoneses han sido objeto de estudios realizados por las empresas de todo el mundo.

¿Por qué siempre parece que salen vencedores de cualquier negociación, importante o menor?

¿Talento? ¿Tenacidad? ¿Astucia?

¿No aplican los mismos principios que nosotros?

¿Están más motivados?

Efectivamente

No obstante, es posible, para un negociador imaginativo descubrir la sutil diferencia que hay en su manera de abordar las soluciones ante un problema determinado.

Por lo tanto, siempre es prudente tener en la cabeza esta cuestión en las reuniones con los japoneses.

La diferencia reside esencialmente en su nivel de compromiso y en la existencia de estrechos lazos entre las empresas y el gobierno.

La mayor parte de los japoneses, particularmente los hombres de negocios, están bien organizados y disponen de excelentes medios de comunicación interna.

Disponen igualmente de otras ventajas, tales como redes de información, así como estrechas relaciones entre las firmas japonesas y los representantes del gobierno.

Este tipo de consultas y de asistencia recíproca ha dado lugar a lo que se llama la «empresa Japón» y rompe con las relaciones que existen en Europa, Australia y Estados Unidos entre las empresas y el Estado.

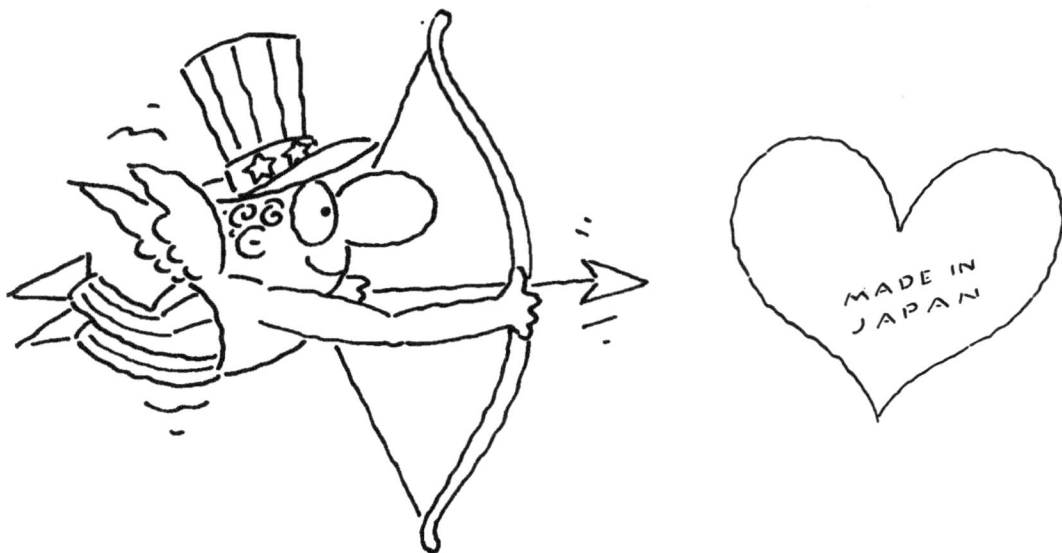

Puede parecer imposible rivalizar con las motivaciones inherentes a la «empresa Japón», cuando nuestras grandes sociedades no pueden conseguir una buena cooperación entre sus diferentes servicios. La capacidad de las grandes firmas japonesas para cooperar entre ellas es singular en el mundo de los negocios. Esto resulta especialmente llamativo en el campo del aprovisionamiento de materias primas.

Es muy raro ver a empresas japonesas competir unas contra otras, lo que pone a menudo a las empresas extranjeras al borde de la locura y a fijar precios increíblemente bajos, para conquistar el mercado.

Existe otra práctica, especial de los japoneses, que podríamos imitar, es la del «paracaidismo».

En el momento de la jubilación, algunos miembros del gobierno son «recuperados» por las empresas. Se les ve a veces en los servicios de personal, pero también en los cargos de responsabilidad.

Algunos servidores del Estado, siempre en funciones, son, a veces, igualmente empleados como consejeros especiales en diversas circunstancias que interesan al gobierno. Tales intercambios conducen a una estrecha colaboración y a una gran comprensión entre el gobierno y las empresas del sector privado, sin hablar de las excelentes relaciones que se derivan de ello. Las personas están por tanto más motivadas, porque esta sólida cooperación crea un entorno propicio a la toma de riesgos en las negociaciones comerciales.

El síndrome amor-odio

En una reciente conferencia en Estados Unidos debatía con unos directivos americanos y nos pusimos a hablar de las prácticas comerciales japonesas.

«¡Desleales!», clamaron estos directivos.

Evidentemente, estaban dispuestos a admitir que los japoneses eran trabajadores, pero sus comentarios eran más bien negativos.

Mi curiosidad iba en aumento y continuaba mi encuesta.

¿Eran, quizás estos directivos de los que «no comprarían más que en América»?

Les planteé algunas preguntas sencillas de las que, estoy convencido, enseguida adivinará la respuesta

«¿Cuál es la marca de su coche?», pregunté.

Casi todos respondieron que tenían un coche japonés del cual parecían, por otra parte, bastante satisfechos, y justificaban su elección con el argumento típico, sin duda para tranquilizar su conciencia.

«Simplemente es porque son de mejor calidad que los nuestros».

¿Por qué?

Me miraron, con aire de sorpresa porque les planteara una pregunta de la que ya conocía la respuesta.

Mejor calidad, mejores precios, mejor reputación, mejor servicio postventa, etc., fueron las ideas expuestas.

Mejor, era el adjetivo utilizado.

Continué mi interrogatorio con la Hi-Fi, la televisión o los electrodomésticos y obtuve más o menos las mismas respuestas, la elección era siempre justificada por razones de calidad.

El mensaje contenido en esta pequeña encuesta improvisada no podía ser más claro.

Los consumidores que viven en Europa, en Australia o en Estados Unidos, adoran a los japoneses, o más exactamente, los beneficios que obtienen de los productos japoneses.

Sin embargo y bastante paradójicamente, estos hombres de negocios que compiten en los mismos mercados que los japoneses, los detestan en los negocios a causa del éxito que obtienen.

Confiado en mi experiencia profesional de más de 20 años y en todas las encuestas realizadas, puedo decir que los japoneses consideran una negociación como un asunto muy serio, casi una cuestión de vida o muerte. Una negociación para ellos es una pequeña batalla en el marco de una gran guerra. Esta guerra desde luego es económica, pero su campo de batalla cubre todos los países del mundo y puede estar seguro de que, cada vez que tenga que negociar con japoneses, para ellos no será un juego. No olvide nunca esto, si un día quiere tratar con ellos.

El tiempo dedicado y los esfuerzos realizados por los japoneses en la preparación de cualquier negociación son fenomenales. La atención que dedican a cada detalle hace que la gran mayoría de los demás negociadores casi pasen por aficionados.

EN UNA NEGOCIACIÓN CON JAPONESES SE DEBEN APLICAR ESTAS REGLAS:

— respete su seriedad en cuanto a la concepción de las negociaciones;
— prepárese para la batalla: vaya al fondo de las cosas y no subestime a la parte contraria.

El arma más eficaz de Japón, en el marco de las negociaciones, reside en la naturaleza de las relaciones gobierno/empresas que les aporta una gran flexibilidad y les permite rivalizar en los mercados internacionales. Tienen el éxito prácticamente asegurado; ningún otro país posee tales estructuras —antes al contrario—, dado que la mayor parte de los países con los que tratan los japoneses, gobierno y sociedades pasan su tiempo enfrentándose.

Uno se imagina que los japoneses admiran el espectáculo y disfrutan de esta situación. Como sabe todo buen estratega, es más fácil batir a un enemigo ya dividido en su interior. Si se considera que una negociación es una batalla, los japoneses poseen entonces una enorme ventaja. Piense un instante en la situación de su país y pregunte si el mundo de los negocios y el gobierno trabajan conjuntamente o uno contra otro.

Estoy seguro de poder adivinar su respuesta, sin demasiado riesgo a equivocarme.

Naturalmente, usted sólo podrá moverse en el límite de las obligaciones impuestas por su país. Recuerde, sin embargo, algo importante para su supervivencia económica en las conversaciones con los japoneses: preparación, preparación y más preparación.

Los japoneses no tienen la respuesta a todos los problemas, pero saben utilizar los recursos de sus empresas y de su gobierno para llegar al éxito. Su cultura y su pasado parecen haberlos preparado para las negociaciones internacionales, especialmente con los países del Pacífico.

Usted no puede, como ya hemos dicho, hacer grandes cosas para modificar las relaciones ente su gobierno y las empresas internacionales, pero sí que debe estar seguro de sus propias motivaciones y de las de su sociedad. Tenga siempre presente lo que usted puede hacer y lo que motiva a los otros. En otros términos, puede tener ventaja sobre ellos aprendiendo y practicando las diversas técnicas de negociación, cada vez que tenga ocasión, tanto si se trata de pequeños como de grandes contratos.

El gran reto económico para Japón aparece cuando se ha de enfrentar a un mercado interior e internacional estancado. Debe hallar una nueva estrategia de acercamiento y adaptarse a esta regresión especialmente en relación a sus asalariados, cuyo empleo no está garantizado.

Si se siente incómodo o está poco seguro de sí mismo, trabaje estos puntos débiles. Manténgase informado sobre los diferentes cursos que traten de estos temas, para ampliar sus conocimientos y mejorar sus capacidades. Entusiasmo y motivación son la base de toda negociación, y eso se verá en los resultados. No olvide nunca tener en cuenta las diferencias culturales que puedan existir y no crea jamás que, porque alguna cosa se hace en un país, se ha de hacer igual en la otra parte del mundo.

Breve test rápido

¿Es usted un negociador motivado?	Sí	No
¿Es capaz de diferenciar a las personas de la negociación en sí misma?		
¿Tiene conciencia de sus propias motivaciones?		
¿Está satisfecho de su actitud en relación al desarrollo de la negociación?		
¿Está usted calificado?		
¿Tiene miedo?		
¿Tiene todavía necesidad de trabajar?		
¿Diferencia entre intentar motivar a alguien a hacer alguna cosa y crear las condiciones que permitirán llegar a una conclusión favorable?		
¿Tiene plena conciencia de lo que le motiva a fin de poder mantener el control de sí mismo?		

¿Puede citar cinco elementos comunes en una negociación realizada por japoneses?

1. _____

2. _____

3. _____

4. _____

5. _____

¿Es usted un negociador motivado?	Sí	No
¿Aprovecha cada negociación grande o pequeña para mejorar su técnica?		
¿Se mantiene al corriente de lo que se dice o de lo que se publica sobre las técnicas de gestión?		
¿Dedica mucho tiempo a la preparación?		

Resultados

Respuestas afirmativas

12:	Negociador de clase internacional.
10-11:	Negociador muy hábil.
8-9 :	¡Atención! continúe leyendo.
6-7:	Le falta práctica.
Menos de 6:	¿Está seguro de haber elegido la profesión que le conviene?

Respuestas referidas a las negociaciones con los japoneses

Las cinco características más corrientes son:

1. Cooperación.
2. Organización.
3. Excelente comunicación interna.
4. Importantes contactos exteriores.
5. Constantes consultas entre gobierno y empresas.

CAPÍTULO 3

La negociación tipo

«1 % de inspiración y 99 % de transpiración».
THOMAS EDISON

Recuerde cómo Cristóbal Colón utilizó sus extraordinarias dotes de negociador para convencer a la reina Isabel y al rey Fernando de que financiaran su viaje de exploración y de qué astuta manera obtuvo honores y porcentajes sobre los beneficios.

Por muy sorprendente que pueda parecer, no llegó a este resultado simplemente esforzándose en adivinar qué convencería a los soberanos para seguirlo en su proyecto.

En primer lugar tuvo que buscar un medio de acercarse a la familia real para exponerle sus ideas. En esta época, la reina tenía otras preocupaciones, el país estaba en guerra y dedicaba a este problema mucho tiempo, esfuerzo y dinero.

¿Cómo, se preguntó Cristóbal Colón, llegar a interesarla? Imaginaba que la reina, cuyas preocupaciones eran otras, no tenía ninguna necesidad de oír hablar de una empresa muy complicada, por lo que sus posibilidades de llegar a un acuerdo serían escasas, casi nulas.

Cristóbal Colón se esforzó en el terreno de la imaginación y de la simplicidad. (Bien pensado, probablemente también inventó lo que hoy día se llama la técnica *KISS, Keep It Super Simple,* «Hágalo sencillo»). Sabiendo que no se llega a nada sin trabajo, se puso manos a la obra para hallar qué preocupaba a la reina Isabel.

¿Qué necesitaba? Dinero.

¿Cómo podía obtenerlo? Gracias a los intercambios comerciales.

¿Y quién podía ofrecerle las nuevas vías de navegación? Él, Cristóbal Colón.

Su concepción de la negociación, en su integridad, desde la preparación hasta la conclusión, debió ser la siguiente: eficaz y sencilla.

NEGOCIACIÓN TIPO

FASE DE INVESTIGACIÓN

↓

FASE DE PRESENTACIÓN

↓

FASE DE NEGOCIACIÓN PROPIAMENTE DICHA

↓

FASE DE ACUERDO

La fase de investigación

No es superfluo precisar que esta fase puede hacer o deshacer una carrera y que sin duda es la más importante de todo el proceso.

Es fácil comprender por qué.

En esta fase, y a menos que todas las informaciones necesarias hayan sido ya recogidas, es imposible preparar la negociación propiamente dicha.

Gracias a mi larga experiencia, adquirida en diversas negociaciones, importantes o no, he aprendido a reconocer, en la otra parte, a los perezosos. Estoy siempre deseoso de buscarlos porque sé que actúan paso a paso, a medida que la negociación progresa, sin trabajo de preparación previo, y por esto con ellos tengo ganados el 99 % de los asuntos.

No hago más que hacerle partícipe de lo que he descubierto hace años y de lo que he aprendido por mi cuenta.

---

*Una buena preparación puede a menudo compensar
la falta de talento.*

Acepte y recuerde también usted este consejo. Trabaje. Averigüe qué desea la parte contraria, qué necesita y qué puede ofrecer.

Como la gran mayoría de los negociadores, usted piensa realmente que la fase más difícil es la de la negociación propiamente dicha, pero debe saber que el estrés será considerablemente menor si ha puesto a punto su estrategia con todo cuidado.

Cuando haya terminado este trabajo de preparación, podrá pasar a la fase de presentación y exponer sus ideas a la otra parte, con lógica, basándose en los hechos y en las informaciones recogidas, y con calma.

La fase de presentación

Es el episodio más divertido de todo el proceso. Es un reto para su imaginación. Comience por presentar su oferta de salida, después reálcela. De esta forma, si hace gala de suficiente creatividad, hay grandes posibilidades de que la parte contraria, seducida, decida tratar con usted.

(Una cosa, no obstante: no espere que esta fase de la negociación le ocupe sólo una mañana de trabajo. Una oferta inicial, en una negociación muy deliberada, puede llevar años antes de ser aceptada).

¿Qué teme especialmente en esta presentación?

Lo que asusta a todo el mundo: el miedo a hablar en público.

Se manifiesta cada vez, bien haciendo temblar sus labios y palpitar su corazón a toda velocidad, o en los ojos y los gestos de una persona del otro lado de la mesa. Demasiado numerosos son todavía los negociadores que dejan que este nerviosismo interfiera en el curso de la negociación, modificándola en su contra.

Los negociadores de la otra parte están con frecuencia atentos a detectar los signos de temor que se vislumbran en su comportamiento: gestos bruscos, mirada huidiza, voz que se rompe al final de la frase. Si padece estos pequeños problemas, le aconsejo, como antes, que realice algún curso adecuado para remediarlos.

A pesar de todo su aliado más precioso será una buena preparación, cuanto mejor haya preparado el trabajo, más notará que su nerviosismo decrece a medida que va hablando. Efectivamente es mucho más fácil expresarse y mostrarse persuasivo cuando se tienen todos los elementos para hacerlo.

Si ha preparado sus argumentos y conoce bien el asunto, lo único que le faltará por hacer será mantener una actitud positiva. Suponiendo que la otra parte considere realmente la posibilidad de tratar con usted, esta fase superada de la negociación le permitirá afrontar tranquilamente la negociación propiamente dicha.

La fase de negociación propiamente dicha

Es en este momento cuando los estómagos notan el nerviosismo, cuando se aprietan las mandíbulas, y cuando todo el mundo comienza a respirar más rápido. El síndrome de «huir o pelear» hace estragos. La emoción está en su punto culminante. Las personas comienzan a hablar más fuerte, a gritar o a marchar dando un portazo.

¡Sobre todo no haga lo mismo! Mantenga su sangre fría.

Las dos bazas principales del negociador son la disciplina y la calma. Curiosamente, sin embargo, durante esta fase es cuando el contrato consigue toda su legitimidad. Efectivamente, ¿No ha trabajado para estar perfectamente motivado? Entonces ¿qué haría si nada más entrar en la sala y recién presentada su oferta inicial, el negocio concluyera? Reflexione.

Honestamente, ¿no se sentiría un poco decepcionado, quizás incluso engañado, diciéndose que habría podido obtener para su empresa unas condiciones más favorables?

Durante esta fase deberá estar especialmente atento al estilo que decidirá utilizar.

Los occidentales, en principio, aprecian poco el regateo o las audacias sobre el precio, pero si usted emplea el estilo rápido, deberá ensayar esta práctica a fin de tener éxito. La cosa es totalmente diferente con el estilo reflexivo, porque regatear sobre algunos precios se demuestra a veces necesario. Sin embargo, y cualquiera que sea el estilo que desee elegir, no olvide nunca estas dos palabras clave: disciplina y sangre fría. Es igualmente esencial que olvide su ego y que se concentre en averiguar la manera más creativa de buscar el acuerdo con la parte contraria.

Inspírese en los negociadores experimentados que practican juegos de estrategia. Saben que este es el momento de intentar obtener cláusulas más favorables. Entonces, dirigiéndose a la otra parte le lanzan poco más o menos este mensaje: «De acuerdo, han obtenido lo que querían, ¿y si habláramos un poco de...?

La otra parte, generalmente poco inclinada a hablar de nuevo sobre lo que ha obtenido, acepta así, para salvar la negociación, hacer pequeñas concesiones. Esta manera de proceder en las pequeñas negociaciones puede parecer trivial, pero, cuando se trata de contratos muy importantes, las sumas en juego pueden alcanzar montantes considerables.

Si una empresa utiliza un día esta táctica con usted, haga un esfuerzo para recordarlo cuando tenga que volver a negociar con ella. Así podrá esperar que ella no pueda abordar y negociar las opciones que le son más favorables más que en el último momento, justo antes de entrar en la fase de acuerdo.

La fase de acuerdo

Finalmente, está preparado para poner a punto los últimos pequeños detalles antes de la firma. Sobre todo no crea que es el final de sus penas y no baje la guardia. Nada ha terminado como, de hecho, las apariencias podrían hacer suponer.

Las dos partes deben tener el sentimiento de que:

- los diferentes puntos han sido todos tomados en cuenta;

- los diferentes puntos han sido objeto de acuerdo en el marco de la negociación.

La decisión más importante a tomar en este momento será saber dónde deber ser firmado el acuerdo. Todo tipo de razones políticas inherentes a la negociación en sí misma pueden entonces intervenir, y llega a suceder que este lugar se convierte en una de las cuestiones más importantes para los negociadores.

Si este es el caso, utilícelo como un medio para obtener o acordar una última concesión. Gire el asunto a su favor a fin de no perder todo lo que ha logrado obtener.

Las necesidades y las motivaciones durante las diferentes fases

Como ya hemos visto en el segundo capítulo, es imprescindible decidir con todo detalle las necesidades que deberán ser satisfechas mediante la negociación.

¿Estas necesidades son de orden práctico, personal o una mezcla de las dos?

En la fase de *investigación* de la negociación, sus necesidades personales se reducen al mínimo. Su única preocupación consiste en reagrupar y seleccionar todas las informaciones disponibles.

En la fase de *presentación*, sus necesidades personales están en el punto más alto y las necesidades prácticas en el más bajo. En efecto, debe permanecer tranquilo y coherente de cara a los otros, realizando su presentación con la máxima corrección.

Durante la fase de *negociación propiamente dicha*, sus necesidades personales y prácticas son importantes, porque aborda los puntos esenciales de la discusión.

Finalmente, en la fase de *acuerdo*, las necesidades prácticas son elevadas, pero las necesidades personales bajas. La tensión cae lentamente porque se tiene la sensación de que lo más duro ya se ha hecho en la fase de negociación y que sólo las necesidades de orden práctico son las que priman.

Tenga siempre conciencia de lo que le empuja a realizar el engorroso trabajo de preparación y de lo que le motiva para llegar a un acuerdo.

La relación con la técnica de Cristóbal Colón

Recuerde las características de los estilos rápido y reflexivo, tratadas en el primer capítulo.

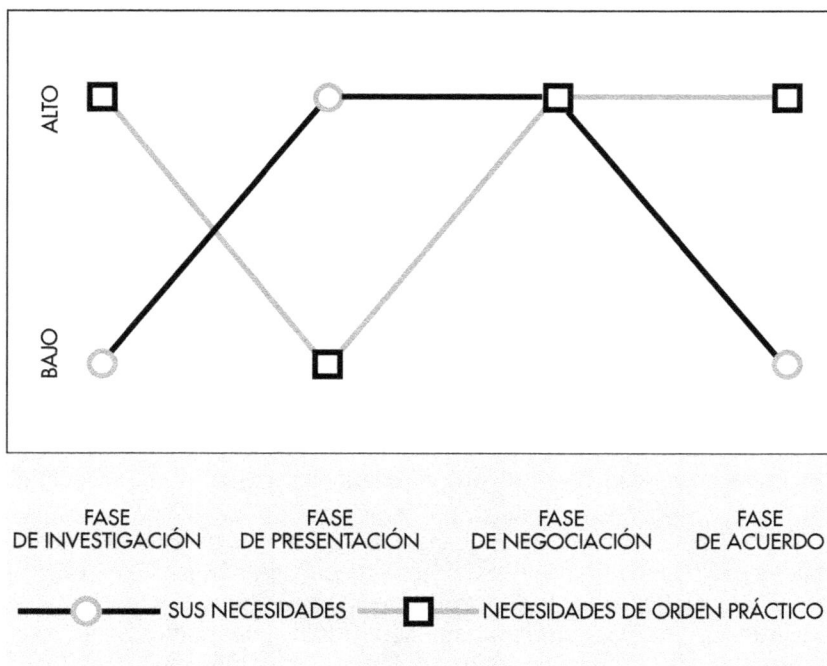

| FASE DE INVESTIGACIÓN | FASE DE PRESENTACIÓN | FASE DE NEGOCIACIÓN | FASE DE ACUERDO |

——○—— SUS NECESIDADES ----□---- NECESIDADES DE ORDEN PRÁCTICO

El conocimiento de las cuatro fases de la negociación tipo que acabamos de estudiar es vital para escoger el estilo a utilizar.

Descubrirá que deberá pasar necesariamente por estas cuatro fases en una negociación de estilo reflexivo, planteada para construir relaciones a largo plazo.

En una negociación de estilo rápido quizás no tenga necesidad de utilizar más que alguna de estas etapas, pero también es posible que, en ciertas circunstancias, tenga que seguir todo el proceso, es decir pasar por las cuatro fases.

Sencillamente debe recordar, aunque cada negociación sea diferente, que los elementos básicos se mantienen siempre de forma totalmente invariable.

Para que el proceso se desarrolle normalmente, es fundamental comprender que una negociación comienza en el instante en que uno se encuentra en la sala de reuniones, en compañía de otra persona.

Me parece que esto ayuda a considerar una negociación en su totalidad, un poco como si se tratase de una obra en la cual usted tiene que desempeñar un papel.

¿Una obra?

Sí, una obra de teatro.

Cuando usted interviene en una obra, encarna un personaje y eso puede resultar muy útil para un negociador de hoy día.

No hace demasiado tiempo he vivido una experiencia muy enriquecedora en el centro de formación de Disneyworld, en Florida, Estados Unidos. Fue muy instructivo desde muchos puntos de vista, pero sobre todo por ver cómo los miembros del personal se metían en su personaje y realizaban su papel.

También usted puede realizar hacer este tipo planteamientos. Si desempeña una función diferente durante las cuatro fases de la negociación, tiene por adelantado asegurado el éxito.

Esto no quiere decir, evidentemente, que deba realizar, como cualquier practicante, desdoblamiento de la personalidad, bajo pena de pasar por un loco ante la otra parte, sino simplemente que es necesario considerar cada fase como una parte del todo que necesita, no obstante, competencias diferentes.

Cuanto más se meta en cada uno de los papeles, más sencillo le parecerá el proceso de negociación.

¿Cuáles son, ciertamente, estos diferentes papeles?

En primer lugar, deberá endosarse la gabardina del detective.

Esto se aplica, claro está, a la fase de la investigación. Deberá tener más vista que Colombo y ser más tenaz que Maigret. En suma, hallar todas las informaciones posibles e imaginables que pueda necesitar durante la negociación.

Profundice en sus investigaciones, tal como hizo Cristóbal Colón con la reina Isabel. Aprenda a conocer a todas las personas relacionadas, tanto en el interior como en el exterior.

Determine con antelación las noticias que le serán útiles para tomar sus decisiones.

Después prepárese para ponerse en la piel de otro personaje diferente que también actúa en la obra.

Hallándose ahora en la fase de la presentación, debe pensar y actuar como un abogado.

Ha realizado un gran trabajo, ahora es necesario ser capaz de presentar el dossier de la otra parte mejor que lo harían ellos mismos.

Cuando sea capaz de hacerlo, dado que ha preparado bien su dossier, podrá, como si realmente se tratara de un buen abogado, anticiparse a los argumentos de la parte contraria.

¿Qué personaje va a encarnar ahora?

Acabamos de entrar en la fase de la negociación y usted ha ascendido un peldaño en la escala social. Efectivamente se ha convertido en juez.

¿Y qué hacen los buenos jueces? Escuchan atentamente los hechos que les son presentados antes de tomar una decisión.

Pero, más importante todavía, un juez sabe que un negociador puede, bajo el efecto de una emoción, llegar a deformar los hechos aunque de forma involuntaria. Vistiendo la ropa de juez, supuestamente claro está, uno mantiene la cabeza fría, sabiendo que la otra parte puede a veces adoptar una actitud de orden emocional para tomar la delantera.

No tome, pues, ninguna decisión antes de que hayan tenido conocimiento exacto de todo lo que les puede concernir y de todas sus exigencias.

Ahora puede quitarse su ropa y mostrarse, durante toda la fase de acuerdo, tan vigilante y escrupuloso como un contable.

¿En qué consiste el trabajo de contable?

Un contable debe comprobarlo todo y buscar las incoherencias, porque en la fase de acuerdo la tentación de lanzar un suspiro de alivio es grande y decir: «¡Dios, todas los regateos han acabado!» y, con ello, finalmente reducir la tensión.

Pero ¡no! , todavía no es el momento de relajarse.

Falta todavía verificar todos los hechos y las cifras.

Porque en este instante es cuando diversos «imprevistos» pueden aparecer para perturbar la negociación.

No concluya nunca nada mediante un acuerdo exclusivamente verbal. Se tiene la sabia costumbre de decir que las palabras se las lleva el viento y que sólo lo que está escrito permanece, lo que realmente es una auténtica verdad.

Las diferentes funciones

Si adopta el hábito de adoptar roles diferentes en cada una de las fases de la negociación, notará que pasará más fácilmente de una etapa a la siguiente.

Su seguridad en cada función se trasmitirá no solamente a la parte contraria sino también a su propio equipo.

El éxito, ya lo verá, será más fácil de obtener.

Pregunte a los empleados de Disneyworld, en Florida, perfectamente conscientes de que si el parque recibe cada año veinte millones de visitantes, es porque estos desean verlos encarnar los personajes de Mickey y de Donald.

Realmente debe preguntarse (quizás con rabia): «¿Si no soy ni Donald ni un actor, cómo voy a aprender todo esto?».

No intente analizar demasiado las cosas. El secreto, para la utilización de diferentes funciones, reside en esto: practique. Olvide todas sus ideas preconcebidas: actúe.

Como se suele decir: «A base de querer analizar demasiado se acaba en la parálisis».

Para resumir:

Función	Fase	Características
Detective	Investigación	Recepción de las informaciones Uso interno/externo
Abogado	Presentación	Preparación del dossier Presentación del dossier
Juez	Negociación	Escucha de la otra parte Búsqueda de soluciones creativas
Contable	Acuerdo	Lugar para la firma Verificación detallada

Estos roles pueden ser utilizados:

- internamente (cuando negocia para obtener un acuerdo sobre un proyecto);

- externamente (cuando, por ejemplo, negocia un acuerdo internacional).

Cuanto más se implique en estos asuntos de negociación, más estimulante e interesante lo encontrará. Estos cambios de roles no son realmente un desafío para su imaginación, pero se revelan muy divertidos cuando se domina la técnica. Aunque pueda parecerle contradictorio es, sin embargo, verdad que esto puede permitirle superar su temor a hablar en público.

Algunos estudios realizados en las escuelas han demostrado que los niños tímidos podían, si conseguían aparentar que eran otra persona (por ejemplo utilizando muñecos de guiñol), superar su timidez. En la realidad la falta de confianza en sí mismo no permite a un niño actuar o mostrarse persuasivo, su ego, si juega un rol parece decirle entonces: «De acuerdo, dado que estas fingiendo, entonces debes hacer esto o aquello», y su personalidad se transforma completamente.

Otra ventaja fundamental de este juego es que le permite distanciarse respecto a la trampa de sus emociones.

Con la experiencia, constatará que los negociadores que mantienen la sangre fría son los que obtienen los resultados que deseaban.

Ahora, demos una ojeada a su experiencia.

Seguramente recuerda las negociaciones que han finalizado bien y otras en las que al finalizar hubiese querido desaparecer bajo tierra.

Repase la última negociación cuyo resultado le decepcionó. ¿Cómo llegó a ese punto? Fue obligado por la otra parte a aceptar un ataque (porque no tenía posibilidades de esgrimir nuevos argumentos), o mordió sin pensar el cebo que esta última agitaba delante de su nariz?

Reflexione.

Ahora, piense en la última negociación victoriosa. ¿En qué medida su buena preparación influyó en el resultado? ¿Hasta qué punto le ayudó el hecho de saber que los ataques lanzados en la presentación no le concernían personalmente?

Si usted es objeto de ataques en una negociación, actúe como si no pasara nada. Sonría y continúe su exposición.

No lo olvide, cada negociación es única. Preparándose cuidadosamente y siguiendo las diferentes etapas desarrolladas en este capítulo, adquirirá unas capacidades que pocas personas tienen. Esto exige un gran esfuerzo, pero el resultado vale la pena.

En resumen

Las claves del éxito

Utilice de forma creativa la negociación tipo utilizada por Cristóbal Colón.

Para asimilar perfectamente esta técnicas, siga sus cuatro fases:

— investigación;
— presentación;
— negociación;
— acuerdo.

Utilice el juego de las representaciones para abordar favorablemente cada una de las fases

En la fase de negociación transfórmese en un detective.

En la fase de presentación, compórtese como un abogado.

En la fase de negociación propiamente dicha, «póngase» la ropa de un juez.

En la fase de acuerdo, haga de contable.

CAPÍTULO 4

La fase de investigación

«Si conoce a su enemigo como se conoce a sí mismo,
entonces no deberá temer la conclusión de centenares de batallas».
SUN ZI, *El arte de la guerra* (año 500 a. de C.)

A menudo me han llamado como consultor en alguna negociación en la que las cosas comenzaban a ir mal, o cuando el pánico comenzaba a dominar.

Es frecuente, en efecto, en discusiones en las que sumas considerables o contratos vitales para una empresa están en juego, que los negociadores busquen con urgencia alguna ayuda exterior.

Sé que cuando entro en la sala debo esperar encontrarme falta de preparación.

Generalmente los negociadores implicados se han lanzado a esta batalla consistente en cerrar un negocio, llenos de entusiasmo (a menudo también resistiendo después de muchas horas de trabajo, lo que es una sinrazón).

Pero, ¿cuánto tiempo han dedicado realmente a la preparación de estas negociaciones? Ciertamente unas horas (dicho sea sin burlarse de nadie), quizás una semana, como mucho.

Comienzo mi pequeño interrogatorio habitual.

Empiezo por preguntar si están al corriente de los precios que en general hay en el mercado, cómo han decidido elegir el estilo y la estrategia utilizados y finalmente si han previsto posición de retirada.

Tras este comienzo, no tardo en observar miradas huidizas y oír cómo los pies rascan en el suelo.

Enseguida les hago cumplimentar este breve cuestionario que se reproduce a continuación.

Preparación	Sí	No
En la preparación de esta negociación ha:		
¿Comprobado si se beneficiaba de un buen entorno interno (organización)?		
¿Averiguado los precios actuales?		
¿Calculado los efectos de la negociación sobre el entorno (economía mundial, guerra, etc.?		
¿Tenido en cuenta los objetivos a largo plazo de la empresa?		
¿Consultado a los sindicatos (si es necesario)?		
¿Tenido en cuenta ciertas estrategias políticas que podían influir en la negociación?		
¿Previsto posiciones de retirada?		
¿Tenido en cuenta sus propias necesidades y motivaciones?		
¿Intentado, todo lo posible, prever todas las objeciones que le podrían presentar?		
¿Decidido con anterioridad el estilo y la estrategia que serían más adecuados?		

Ante la presentación de estas preguntas, la mayor parte de las personas que reclamaban mi ayuda con grandes gritos me miran con un aspecto aturdido.

¿Entorno interno y externo?
¿Estilo y estrategia?
¿Necesidades y motivaciones?

«No, ¿por qué?», parecen preguntar. Simplemente sabían lo que querían y se habían lanzado a la disputa con este único objetivo, aunque sin duda lo aceptaban, manteniendo algunos pequeños trucos en reserva.
«Entonces ¿qué es lo que no ha funcionado?» pregunté.

La respuesta es cada vez la misma. No lo saben. O bien la parte contraria ha buscado ganar tiempo o ha empleado estrategias desleales, o bien ha sido defecto de planteamiento: «Quiere saber por qué pasa esto, la mano derecha ignora lo que hace la izquierda...».

Yo lo sé, pero ellos también deberían haberlo sabido.

> *No comience nunca una negociación sin saber con qué ayuda*
> *puede contar en los diferentes departamentos de su empresa.*
> *No diga jamás: Es su idea, si esto falla, falla, punto final»*
> *Déjese siempre espacio para maniobrar.*
> *Y sobre todo, siga este consejo válido para hoy y para siempre:*
> *¡prepárese!*

Antes de que la negociación comience realmente, debe recoger toda la información posible.

Acuérdese: cuanto más se haya esforzado en preparar esta negociación, menos sufrirá durante la fase de negociación propiamente dicha porque podrá de esta manera dar curso libre a su creatividad.

Un negociador mal preparado tiene tendencia a permanecer inmóvil en sus posiciones. Esto también pasa cuando las cosas se ponen difíciles y se ha cometido el error de no haber establecido previamente un orden del día.

La adrenalina fluye con fuerza por sus venas y sólo le resta «batirse o emprender la huida».

El asunto también puede resumirse así: «debo ganar» o «debo capitular».

Ni compromiso ni final feliz, por otra parte.

El objetivo de la fase de investigación es reunir informaciones, como ya hemos visto. Debe comenzar una negociación habiendo pasado revista a todo el proceso, desde el comienzo hasta el final.

Es necesario también reflexionar seriamente sobre la manera en que el entorno interno (el lugar de trabajo) y el externo influirán en la negociación.

¿Conoce todos los puntos fuertes de su empresa? ¿Todos sus puntos débiles? Si no está seguro, haga investigaciones, a falta de esto no podrá establecer un plan de trabajo.

Generalmente, en esta fase uno se concentra en los datos exteriores a la empresa, pero siempre debe recordar, sobre todo si es todavía inexperto, que el peligro llega con más frecuencia de las realidades políticas internas.

El entorno interno

El organigrama oficial

Hay cuatro puntos a considerar con atención:

1. ¿Cuáles son los diferentes niveles de toma de decisiones en el seno de su empresa; a quien compete la ratificación y la puesta en marcha del contrato?
2. Si se trata de una venta ¿cuánto tiempo hará falta para que las mercancías puedan pasar al inventario?
3. Si trabaja para una empresa internacional, ¿deberán venir las mercancías desde otro país?
4. Si acaba de aceptar descuentos sobre las mercancías y el departamento de contabilidad ha calculado que este contrato costará caro a la empresa, ¿quién debe dar su acuerdo y cómo podrá la empresa recuperarse de tal pérdida?

La importancia del trabajo de preparación de esta negociación será, de hecho, función de la estructura de su empresa y del volumen de documentación que necesitará.

Es esencial asegurarse de que cada uno de los departamentos relacionados con el acuerdo esté bien implicado, aunque en diferente grado, durante la fase de negociación.

Las razones son claras:

— Todos nos sentimos más implicados en el éxito de un proyecto si sabemos que tendremos algo que decir y si somos directamente preguntados.
— En caso contrario se corre el riesgo de olvidar informaciones que pueden resultar esenciales y por ello alejarse no solamente de la parte contraria sino también de las personas con las que trabaja.

El organigrama oficioso

Todos sabemos que la persona que posee un título no es necesariamente la que tiene el poder.

Si quiere llegar a un resultado concluyente, deberá conocer el organigrama oficioso de su empresa.

Estas informaciones, no obstante, no estarán disponibles en ningún documento, y por tanto deberá desenvolverse sólo para hallar «quién hace qué» en esta empresa y así reunir lo más rápido posible las informaciones necesarias para su preparación. Estas personas son con frecuencia muy influyentes; no olvide consultarlas después de preparar su trabajo y dé lo mejor de sí en las conversaciones.

Los objetivos de la empresa

Si no pertenece a una gran empresa, debe ser consciente de la posible influencia de su negociación sobre los objetivos estratégicos a largo plazo de su empresa.

No se contente con una declaración indefinida como:

¡Vamos a hacerlo lo mejor posible!

Se arriesga, en efecto, a descubrir que lo que creía que era lo mejor para la empresa, es una verdadera catástrofe para el director financiero. Seguro que no tiene ganas de ser considerado un paria cuando vuelva a su despacho, después de haberlo hecho sencillamente lo mejor que ha podido; ¿me equivoco?

Esto no quiere decir que no deba asumir riesgos, sino sencillamente, como se suele decir, que es preciso cubrirse las espaldas. Para hacerlo, puede plantearse durante esta fase algunas cuestiones de este tipo: «y si...», evocando así las diversas salidas posibles, a fin de asegurarse que sus diferentes soluciones cuadran bien con los objetivos de la empresa.

Las relaciones entre los diferentes servicios

Numerosas empresas funcionan hoy día con una estructura mucho menos jerarquizada que hace diez años; una situación que no deja de representar problemas dado que la gran mayoría de las posiciones están desempeñadas por directivos enfrentados a múltiples tareas para las cuales el tiempo es escaso. Puede en este caso encontrarse con ciertas dificultades si desea que diferentes servicios puedan colaborar entre ellos.

Examinemos ahora el siguiente escenario.

Dispone de dos semanas para preparar su dossier antes de volar para Londres. El objetivo del viaje: renegociar un antiguo contrato e iniciar conversaciones para la compra de material informático.

Según el plan interno, deberá:

— discutir sobre la actual situación financiera (descenso del dólar, por ejemplo);

— saber si las características técnicas de los materiales están bien adaptadas al mercado local;
— recordar el hecho de que los almacenes de la empresa están ya llenos de un material que no se vende.

El departamento de marketing le ha dicho que este producto era «peligroso», pero nadie ha dedicado realmente tiempo a discutir con usted el asunto, no tiene, por tanto, más remedio que arriesgarse.

¡Bienvenido al mundo real!

Por ello es fundamental que conozca los poderes oficiosos de su empresa. No desconociendo nada de la jerarquía y de los diferentes poderes que hay en su interior, afinará no solamente su estrategia, sino que asegurará su propia protección.

Las relaciones personales

Siempre que se necesita que alguien nos dé una información que resulta vital y urgente ocurre que la persona a la que hay que dirigirse es precisamente aquel o aquella a la que se detesta cordialmente. Esta triste constatación se aplica también, subrayamos, a las relaciones con la clientela.

Debe construir relaciones sólidas que le servirán durante su carrera.

Seguramente habrá visto esas películas o esas series de televisión que presentan a un directivo brillante, pero en el límite de la caricatura, del estilo: «Es duro consigo mismo y con sus empleados, pero nadie es tan dotado como él cuando se trata de negociar un contrato».

Esta imagen es uno de los más bellos engaños que Hollywood nos ha hecho creer.

La imagen mucho más real del directivo que tiene éxito en su carrera (mucho menos impactante e interesante para el espectador, evidentemente), es la del individuo capaz de establecer relaciones sólidas con los demás miembros de la empresa. Este tipo de persona es en general capaz de inspirar confianza desde el principio de una negociación y durante toda la duración del proceso.

Los sindicatos

Si el negocio, de cualquier manera, implica la participación próxima o distante de los sindicatos, contacte con ellos. En caso contrario, hay muchas posibilidades de que se encuentre con un gran problema.

Planifíquelo todo antes de la negociación, nunca después.

El correo australiano fue una de las primeras empresas en descubrir que negociar con los sindicatos puede compensar. En 1990 emprendió grandes cambios en su manera de trabajar y debe el éxito de este proyecto, en parte, a la participación de los sindicatos que entraron en la negociación.

En resumen, en primer lugar deberá dominar suficientemente el entorno interno, con sus diversos componentes, antes de dedicarse a actuar en el entorno externo.

Debe, por tanto, conocer:

— el organigrama oficial;
— el organigrama oficioso;
— los objetivos de la empresa;
— las relaciones entre los diferentes servicios;
— las relaciones entre los miembros del personal;
— la posible implicación de los sindicatos en el proyecto.

Si ha conseguido salir con éxito de este campo de minas, el entorno externo será el próximo obstáculo que deberá franquear.

El entorno externo

Las negociaciones internacionales

Bienvenido al mundo de la complejidad. Aquí se reagrupan no sólo las diferencias de mercado, de cultura y de lengua, sino también una infinidad de otros problemas que también se pueden encontrar, en menor medida, a nivel nacional.

Podemos aquí recordar la concepción australiana de la competencia internacional al final de los años setenta.

El país se orienta hacia la alta tecnología, después, hacia los años ochenta da un paso atrás introduciéndose de nuevo en las industrias primarias.

En los años noventa, los australianos han investigado cómo podían revalorizar estos productos antes de explotarlos.

No es necesario ser un especialista en economía para comprender que Australia está en desventaja debido a su balanza de pagos deficitaria. Los negociadores extranjeros, naturalmente, lo tienen en cuenta en sus propuestas.

Asegúrese, cuando negocie a escala internacional, de saber si la balanza comercial del país en cuestión está equilibrada o no: esto influirá en su manera de considerar el proyecto.

Las estrategias políticas y económicas

Es fundamental conocer la situación política del grupo con el cual usted se apresta a negociar. En su propio país eso no tiene verdadera importancia, pero, en el extranjero, la cuestión puede ser muy diferente.

Si su producto o su servicio están relacionados, aunque de lejos, con problemas de defensa nacional, ¿sabe cuáles podrían ser las consecuencias de tal acuerdo para su empresa? Es, por tanto, esencial que tenga en cuenta estas probabilidades (aunque sean ínfimas) en su trabajo de preparación.

En lo que respecta a las obligaciones económicas, un rápido vistazo hacia el pasado le revelará por ejemplo, para tal o cual país, cambios masivos, en los mercados financieros cuando el dólar se mantenía flotante, y la manera en que sus tasas de interés han aumentado a finales de los años ochenta. Por tanto, debe tener en cuenta este tipo de factores para que su empresa no sucumba ante tales variaciones. Compruebe bien los contratos.

Si ya ha trabajado con una empresa internacional, compruebe si este acuerdo prevé cambios en caso de fluctuaciones de la moneda del país en cuestión. Compruebe también si su director financiero le ha pedido que prevea una cláusula de abandono en caso de problemas monetarios.

Si se trata de una empresa pequeña, asegúrese de poder obtener fácilmente una licencia de exportación o de fabricación en este país extranjero. Esta operación puede hacer que su firma sea mucho más competitiva pero, ¿a qué precio?

La situación geográfica

Indique cuidadosamente los diferentes puntos de entrega en relación a sus centros de fabricación o de distribución. Su empresa puede estar situada en París y tener que entregar sus productos en Lyon o en Hong Kong. ¿Qué tipo de penalización le aplicará la otra parte en caso de entrega con retraso?

¿Es posible expedir productos semiacabados que se acabarán de ensamblar en el lugar de entrega?

¿En qué medida las obligaciones impuestas para grandes trayectos afectarán a su capacidad como negociador?

Tenga en cuenta el tiempo necesario, tras un largo viaje en avión, para descansar o, si sabe que la negociación será difícil, salga con uno o dos días de antelación.

La era de la información

¿Qué efecto tendrá sobre su negociación la era de la información? Sencillamente le será necesario verificarlo y prepararlo todo, más y más. Debe suponer que la parte contraria, en el otro lado de la mesa de negociación no le dejará pasar la menor duda: cada peseta, cada euro, cada céntimo será analizado.

Los recursos informáticos de los que disponen los grandes grupos les permiten comprobar en pocos minutos todas las informaciones que les proporcione. Esto, sin embargo, es un aspecto positivo para usted, porque si necesita a su vez informaciones, podrá obtenerlas casi instantáneamente en cualquier parte del mundo.

La planificación

El problema que aparece con respecto a la planificación de la negociación reside en el hecho de que, por nuestra formación, tenemos tendencia a pensar que los acontecimientos se encadenarán por sí solos, tranquilamente, como está previsto con detalle en nuestro plan. Ahora bien, ¿cuántas veces ha visto que las cosas sucedan así?

La primera etapa para llegar a ser un buen negociador consiste en saber que un plan sólo es un tipo de guía que nos ayudará a tomar las decisiones, y no un fin en sí mismo.

Flexibilidad, he aquí la palabra clave.

También debemos mostrarnos creativos en nuestra planificación y tomar conciencia de las soluciones creativas que la otra parte podría proponer a fin de llegar a un acuerdo.

Si una persona de su equipo sugiere que tal punto del contrato no es negociable, pregúntele por qué. Pregúntese sobre sus propias convicciones. Adoptar una actitud poco abierta puede ser una fuente de problemas en la fase de negociación propiamente dicha.

Más adelante (pág. 89) encontrará un modelo de *planning* de trabajo que ha sido útil a muchos negociadores. También lo será para usted. Cuanto más la utilice más creativo llegará a ser.

¿Por qué le ofrecemos este modelo? Para que dedique menos tiempo a esta tarea, dando por supuesto que utilizará siempre la misma estrategia o la misma estructura en las negociaciones importantes. Numerosos problemas y conflictos podrán presentarse en cada negociación, pero este modelo le ayudará a concentrarse en su trabajo de reflexión.

Normalmente hay cuatro grandes puntos a discutir durante una negociación. El precio, aunque sea siempre uno de estos cuatro elementos, no es, sin embargo, el único en las negociaciones comerciales. (Incluso puede llegar a ser secundario, si lo que busca es establecer relaciones comerciales a largo plazo).

Le será más fácil poner su *planning* a punto, sabiendo que hay cuatro puntos esenciales a tener en cuenta. Para comenzar vamos a interesarnos por nuestra percepción de los diversos resultados posibles de la negociación. (¿Se acuerda?).

Los resultados

Como ya hemos visto en el capítulo anterior, los tres resultados sobre los que deberá trabajar son los siguientes: realista, aceptable y más desfavorable.

Esto significa que antes de hacer cualquier cosa, deberá plantearse esta pregunta esencial:

¿Por qué razón negocio con la parte contraria?

Cuando haya respondido esta pregunta, habrá definido qué le empuja a iniciar esta negociación. La continuación es sencilla.

Digamos, para poner un ejemplo sencillo, que desea comprar una casa nueva para alojar a su familia. En un periódico ha visto un anuncio de una casa situada en un lugar agradable y cuyo precio se ajusta a sus posibilidades. La casa, desgraciadamente, no es vendida por una agencia, sino directamente por su propietario y el anuncio cita la cifra de sesenta millones de pesetas, a negociar, lo que quiere decir que el propietario está dispuesto a discutir sobre el precio. Visita la casa e, ilusionado, decide que es aquí donde vivirá en el futuro.

Se informa y descubre que casas similares en el mismo sector, han sido vendidas por aproximadamente cincuenta millones de pesetas. Haciendo de buen detective, continúa sus averiguaciones y descubre que las que tienen habitaciones con vistas al río se venden dos millones y medio de pesetas más caras.

Ahora ya puede comenzar el proceso de planificación de los diferentes resultados relativos a los precios.

Resultado realista	50.000.000 ptas.
Resultado aceptable	52.500.000 ptas.
Resultado más desfavorable	62.500.000 ptas.

Pero no nos pongamos las cosas demasiado fáciles. Digamos que el propietario también es un excelente negociador y que, por ello, ha previsto diferentes posibilidades que, desde su punto de vista son las siguientes:

Resultado realista	62.500.000 ptas.
Resultado aceptable	67.500.000 ptas.
Resultado más desfavorable	52.500.000 ptas.

Se podría decir que en este momento hay una diferencia de precio de alrededor de diez millones de pesetas entre el precio querido por el vendedor y el deseado por el comprador. Recuerde nuestra definición del procedimiento de negociación. A partir ahora deberemos, gracias a algunas opciones creativas, resolver estas cuestiones sobre diferencias de precios. Yo llamo a esto la regla de los cuatro. Mis investigaciones demuestran efectivamente que la gran mayoría de las negociaciones terminan cuando estos cuatro apartados han sido convenientemente tratados. Teniendo en cuenta estos cuatro puntos en cada negociación en lugar de uno sólo (el precio), se hallan medios para hallar soluciones creativas para concluir el negocio con ventaja. Si, para volver a nuestro ejemplo, compra la casa directamente a su propietario y no pasando por una agencia, los cuatro puntos sobre los cuales debería hacer la elección son los siguientes:

1. Precio.
2. Fecha de entrada en posesión.
3. Condiciones de pago.
4. Equipamientos anexos.

Ya hemos tratado el problema número 1, el precio, determinando los posibles resultados —realista, aceptable, más desfavorable.

Vamos a pasar a los puntos 2, 3, y 4, para los que también tendrá varias opciones que le permitirán llegar a un acuerdo conveniente para las dos partes.

Este procedimiento se aplica también a negociaciones que tratan sobre el suministro de productos, una auditoría o un contrato de asesoría, un aumento de salario o a la compra de un nuevo vehículo.

Decida cuatro puntos que le parezcan importantes y trabaje cada una de las diferentes posibilidades que se aproximan. Puedo asegurarle que a continuación las fases de presentación y de negociación propiamente dichas le parecerán mucho más sencillas.

La investigación

Una vez que haya reunido las diferentes informaciones que necesita, es el momento de pasar revista a los posibles escenarios gracias a estos datos.

Durante esta fase de negociación, pida a una persona de su equipo que compruebe todas esas informaciones.

En efecto, cuanto más tiempo dedique a planificar, más imparcial será y mejor afrontará las emboscadas.

Sin prejuzgar la complejidad de ciertas negociaciones, puede resultar útil disponer de una sencilla hoja de papel que permita comparar, de un vistazo, los diferentes resultados posibles. Siempre debe recordar que durante una negociación los hechos y las cifras puede igualmente cambiar. La flexibilidad es pues esencial a fin de que pueda modificar sus planes en función de estas nuevas informaciones.

Definir

Esta etapa consiste en definir las objeciones que la parte adversa podría poner durante la negociación. También es necesario decidir las diferentes posiciones a adoptar. En este estado, la manera más sencilla de hallar cuáles podrían ser las objeciones de la otra parte consiste sencillamente en ponerse en su sitio.

Volvamos, para poner un ejemplo, a nuestra casa de cincuenta millones de pesetas. Imagine ahora que yo soy el comprador y que comienzo la negociación con este tipo de propuesta:

«Su casa me gusta mucho. Le doy cuarenta y siete millones y medio de pesetas».

Puedo imaginarme la reacción del vendedor y verme corriendo hacia la puerta a toda velocidad con el perro tras mis talones.

No se muestre insultante hacia la otra parte, una oferta de salida poco realista sólo puede conseguir molestarla.

Determinar

Es el momento de determinar dos elementos:

a) el estilo que va a emplear durante la negociación;
b) la estrategia que va adoptar para llegar a un acuerdo satisfactorio para las dos partes.

¿Se acuerda de nuestra discusión sobre el estilo en los primeros capítulos? Pues bien ha llegado el momento de elegir.

¿Rápido o reflexivo?

Pongamos un ejemplo. Imaginemos una persona, Jeanne Dupont, consultor en una organización que se dedica a la formación profesional. La primera pregunta que Jeanne se planteará es la siguiente:

«¿Deseo continuar mis relaciones con esta empresa?».
Si la respuesta es «sí», se impone el estilo reflexivo.
Si la respuesta es «no», se impone el estilo rápido, dado que sólo habrá una única transacción.
Jeanne, ha decidido que no deseaba establecer largas relaciones comerciales con la empresa Durand. Una vez ya es más que suficiente, gracias. Se ha decidido pues por el estilo rápido y adoptará una posición muy fuerte respecto a uno de los grandes puntos, el precio. Deberá conseguir que sea lo más elevado posible, quizás incluso ligeramente hinchado, dado que no habrá nada más que esperar tras la firma del contrato.
¿Qué hubiera pasado si Jeanne hubiera decidido que Durand podía resultar digna de relaciones a largo plazo (y fuente de importantes beneficios)? Entonces hubiera elegido un acercamiento reflexivo y trabajado en diversos puntos de la negociación. A continuación, las dos partes hubieran llegado a un acuerdo aplicando la táctica problema-solución.

En nuestros cursos de formación, las asistentes nos preguntan a menudo:

«¿Qué táctica debemos emplear para lograr el negocio?».
«¿Debemos utilizar astucias como dar falsas informaciones o hacer vanas promesas?».
«¿Mientras discutimos cantidades, descuentos, etc., no podría de repente, sugerir un posible gran pedido, para impresionarles?».

Realmente, a mí no me gusta este tipo de juego. No creo que a largo término esa táctica lleve muy lejos o le sea favorable. Su mejor precio para un contrato que no irá seguido de otros intercambios comerciales deberá ser mencionado desde el comienzo y estar evidentemente relacionado con su oferta inicial.

De hecho, lo que me ha sido más útil difiere un poco de lo que se propone habitualmente en las obras que tratan este tema. Mi respuesta a propósito de la táctica a emplear es: «no tiene que emplear tal o cual táctica» si usted ha:

— preparado cuidadosamente su dossier;
— trabajado sobre las diferentes posibilidades;
— trabajado sobre los cuatro grandes puntos.

Las tácticas son demasiado a menudo sinónimos de artimañas. Crean tensiones y destruyen la confianza. Son utilizadas generalmente por negociadores que trabajan según una única lógica, la de «hecho rápido, hecho bien». La única táctica a la cual podría recurrir si las cosas se complican en exceso es dejar la sala.

Revisar las diferentes estrategias

La última etapa antes de acabar de poner a punto su estrategia se resume en volver sobre los diferentes puntos a utilizar, para hacer de «abogado del diablo».

Revisar toda la estrategia del procedimiento le permite pensar de una manera constructiva en todas las suposiciones que haya hecho. Punto por punto, deberá repensar todas sus decisiones, desde las concernientes al entorno interno y externo hasta las que se refieren propiamente al estilo.

Si la negociación es de importancia y ha elegido el estilo reflexivo, conviértase, desde el momento en que haya finalizado su trabajo de comprobación, en un abogado del diablo.

Su función consiste en ponerse en el caso de la parte contraria. Esta persona, evidentemente, deberá estar metida en el problema y tener a su disposición todas las informaciones relativas a la otra parte y a su posición.

Será escogida por su capacidad para pensar objetivamente, porque en este momento uno pasa a ser totalmente subjetivo.

Para usted las ventajas de tal práctica son evidentes.

Se beneficia de un tipo de repetición de la negociación durante la cual su abogado descubrirá las deficiencias de su preparación.

Es preferible escoger a alguien absolutamente fiable, porque, a riesgo de que la sangre llegue al río, es mejor que eso ocurra en este momento que cuando se produzcan las verdaderas conversaciones.

Hemos llegado al final de la fase de investigación, al punto en el que todos los resultados y opciones a tener en cuenta deberán haber sido determinados. Entonces debería estar dispuesto para enfocar el trabajo de presentación, que precederá al de la negociación propiamente dicha.

En resumen

1. No olvide las «3 P»: Preparación, preparación, preparación.

2. El objetivo de la fase de investigación es reunir informaciones a fin de estar dispuesto para el gran día.

3. El conocimiento del entorno interno es esencial, especialmente en los siguientes puntos:

- El organigrama oficial:
  los niveles de decisión;
  los movimientos de stocks;
  los circuitos internacionales;
  ¿quién da su autorización para los descuentos?

- El organigrama oficioso:
  ¿quién detenta el poder?

- Los objetivos de la empresa.

- Las relaciones entre los diferentes servicios:
  los posibles problemas de comunicación;
  la jerarquía y las estrategias.

- Las relaciones con los miembros del personal:
  construirse relaciones sólidas
  establecer relaciones de confianza.

- Los sindicatos.

4. El conocimiento del entorno externo también es muy importante, esencialmente en los siguientes puntos:

- El mercado internacional:
  dar valor a los bienes y servicios;
  la balanza de pagos.

- Las estrategias políticas y económicas:
  los problemas de defensa;
  los intereses y las tasas de cambio.

• La situación geográfica:
  la situación del punto de entrega en relación a sus puntos de distribución;
  los efectos de los cambios horarios.

• La era de la información:
  ¿Cuáles son los hechos que pueden ser comprobados instantáneamente?

5. Planifique su trabajo:
  su plan no debe ser más que una guía;
  flexibilidad es la palabra clave;
  utilice un modelo de *planning*.

6. Trabaje sobre los resultados posibles:
  tres opciones: realista, aceptable, y la más desfavorable;
  ¿por qué negocio?;
  opciones creativas: trabaje sobre los cuatro puntos principales.

7. Determine necesidades y motivaciones:
  ¿sus necesidades son de orden práctico, emocional o las dos a la vez?;
  vaya adelante: busque cuáles son sus necesidades y motivaciones para cada fase del proceso.

8. La investigación:
  haga comprobar los hechos por otra persona;
  dé muestras de flexibilidad: modifique su estrategia en función de las nuevas informaciones.

9. Defina las objeciones:
  prevea las objeciones;
  decida sus propias proposiciones.

10. Determine el estilo y la estrategia:
  ¿quiero seguir mis relaciones con este cliente?

11. Repase su aproximación:
  última fase: contrate un «abogado del diablo».

CAPÍTULO 5

La fase de presentación

«A decir verdad, detesto hablar en público».
HARRISON FORD

Cuando estrellas como Harrison Ford admiten que tienen horror a hablar en público, muchos nos sentimos reconfortados. Después de todo pocas son las personas que se alegran de tener que tomar la palabra delante de un auditorio.

¿Por qué tantas personas están aterrorizadas ante esta perspectiva?

Si sabemos expresarnos de una manera coherente y con total confianza delante de un pequeño grupo de amigos, ¿por qué no podemos hacer lo mismo delante de los extraños?

En parte, me imagino, que es porque nuestros amigos y nuestros colegas intentan corregir algunos errores haciéndonos sugestiones amicales o atrayendo nuestra atención de una manera indirecta sobre algún punto que hayamos omitido, más o menos así: «Marc, no has desarrollado todas las ventajas de nuestro producto en relación a los que ya existen en el mercado, «¿por qué? no nos das algunas cifras?».

Con los amigos, en fin, es raro que reaccionemos enfadándonos o con ira cuando hemos dicho un disparate. Más bien reaccionamos diciendo: «¡Uf, no me dejas pasar ni una!»

¿No podemos, en el marco de la negociación, durante la fase de la presentación, mostrar esta confianza que manifestamos ante nuestros amigos?

Las rodillas que nos tiemblan y nuestra memoria que se queda en blanco son generalmente los dos males que afectan a nuestra manera de presentar la información. Conscientes de ser observados por nuestro auditorio, concentramos toda nuestra atención en estos problemas y llegamos a olvidar nuestra presentación.

Ya he subrayado, en los capítulos anteriores, que el mejor medio para paliar este temor es la preparación.

Es la condición *sine qua non* del éxito de la negociación, pero también el remedio a esta horrible angustia («Todas estas personas que me miran...») que nos oprime en una presentación.

A través de algunas etapas muy sencillas a seguir, esta es la solución a su problema:

adopte el papel de un buen abogado de la defensa;

prepare su dossier así como el de la otra parte;

presenta las razones que harán que su dossier sea el mejor.

El presidente de Estados Unidos, Abraham Lincoln, que practicaba esta técnica, obtuvo así grandes éxitos en sus pleitos cuando era abogado.

Simplifiquemos más las cosas concentrándonos en dos puntos muy importantes para la fase de presentación:

1. Prepare un *planning*.
2. Diríjase a la otra parte cuando haga su presentación.

Sencillo, ¿no? ¿Demasiado, quizá?

Relájese. ¡Es no obstante el mejor de todos los métodos! Todo lo que tiene que hacer consiste en preparar cuidadosamente los pros y los contras de las dos partes. Es más divertido que el cubo de Rubik, el Scrable y las palabras cruzadas reunidos, más fácil, también, y menos desagradable que temblar de miedo durante toda la presentación.

Comience en primer lugar por hacer su propio *planning* de preparación para la presentación y después juegue al agente doble.

Coja su impermeable, póngase un sombrero negro y, sonriendo aviesamente, prepare su dossier pensando en la parte contraria.

Cubra todas las contingencias en las que pueda pensar. Esto le evitará desagradables sorpresas durante la negociación, y enviará algunas a la parte contraria cuando compruebe que ha respondido a todas las preguntas que le planteará.

Cuando esté en la situación de presentar el dossier de la parte contraria como si se tratara del suyo propio, entonces, ya estará perfectamente dispuesto para afrontarlo todo.

¿Qué otras ventajas puede obtener del *planning* del adversario?

Para comenzar, estará preparado para todos los estallidos y todas las súplicas de la otra parte. (¡Oh sí!, pensará cuando comiencen a hablar confusamente con aspecto indignado, sabía que esto los pondría nerviosos...).

El *planning* de trabajo

El *planning* es la herramienta en la que se halla resumida toda la información disponible, reducida a lo más esencial de los datos útiles para la presentación. En este caso, lo más duro se ha realizado en la fase de investigación y usted tiene delante de sí decenas de páginas, con información de los diferentes aspectos sobre los que usted ya ha discutido con su equipo. Todo lo que le queda por hacer es llevarlos a la mesa en forma de puntos de la exposición que realizará durante la presentación. Utilizando este *planning*, estará seguro de tener a mano, de forma práctica, todas las informaciones que necesita. En su *planning*, sólo deberán pues, figurar las palabras claves de la presentación.

No se deje llevar por su entusiasmo y no sepulte a la otra parte bajo una avalancha de detalles. (algunos negociadores tratan así de alterar a la otra parte gracias a su voluminoso trabajo de investigación).

Sobre todo no lo haga.

En lugar de mostrarse impresionados por su eficacia, verdaderamente expone a sus adversarios a:

a) aburrirse;
b) odiarle.

Un información excesiva tiende a conducir al orador a hablar para no decir nada o a desvelar involuntariamente informaciones que podrían se útiles a la oposición. El *planning* le ayudará a no caer en esta trampa.

Anote las informaciones esenciales y limítese a estos puntos en su presentación.

Para demostrarle la utilidad de este *planning*, voy a volver sobre un ejemplo comentado en el capítulo anterior.

Si lo recuerda, se trataba de comprar una casa directamente a su propietario. No dude en remitirse al capítulo en cuestión si tiene que refrescar su memoria.

Los cuatro grandes puntos son:

el precio;

las condiciones de pago;

la fecha para disponer de la propiedad;

los equipamientos anexos.

Comprobemos ahora cómo cumplimentaría yo mi *planning*. En primer lugar el estilo, que, sobre un contínuum, estaría más cerca del rápido que del reflexivo. ¿Cómo he llegado a esta elección? Bueno, porque hemos admitido que era necesario establecer una relación de confianza antes de iniciar una negociación y también porque, en este caso concreto, nuestras posibilidades con un particular son más bien escasas.

Habiendo, pues, escogido un estilo, voy a determinar los cuatro grandes puntos. El precio será el primero, y se establecerá como sigue:

Realista	47.500.000 ptas.
Aceptable	50.000.000 ptas.
Más desfavorable	60.000.000 ptas.

Continuaría del mismo modo con los otros tres puntos, trabajando cada uno de los resultados posibles, hasta que el *planning* esté completo.

Si duda de la eficacia de este *planning*, dé un vistazo y mire el número de opciones que propone gracias a esta simple aproximación de tres resultados y de cuatro grandes puntos.

Este cuadro es tan perfecto que, cuando haya cogido el hábito de utilizarlo en una negociación ya no podrá prescindir.

«Espere un minuto, parece decirme alguien. Siempre es tan sencillo. Mi empresa negocia contratos con decenas de proveedores y aunque lo hace solamente para un tipo de artículo, es a la vez para toda una gama de productos diferentes».

De acuerdo. Conozco bien el problema, porque mi empresa organiza cursos de formación para este tipo de situación y de hecho tiene razón.

Al preparar su *planning* necesitará, por ejemplo, recorrer a una aproximación diferente en el momento de decidir el estilo, los resultados y los cuatro grandes puntos, objeto de la negociación.

Para los inexpertos, el estilo que yo escogería sería reflexivo, hasta el extremo del contínuum, habiendo alcanzado el alto nivel de confianza requerido y el eventual establecimiento de relaciones comerciales.

EL *PLANNING* DE TRABAJO

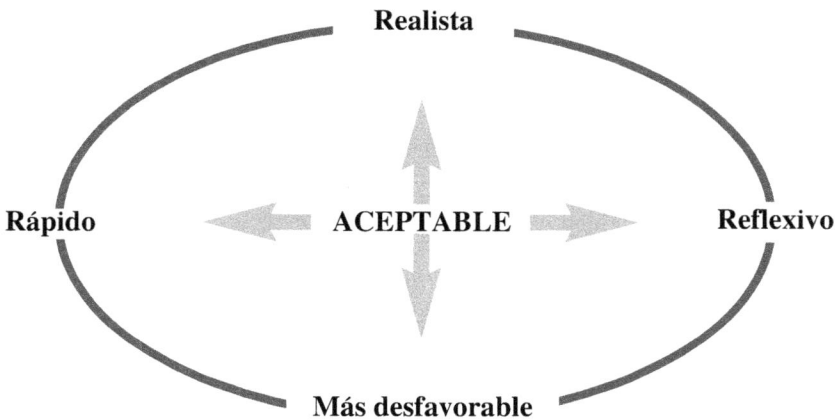

Realista

Rápido　　⬅　**ACEPTABLE**　➡　　**Reflexivo**

Más desfavorable

LA REGLA DE LOS CUATRO PUNTOS			
Resultados	Realista	Aceptable	Más desfavorable
1			
2			
3			
4			

En lo que respecta a los cuatro grandes puntos, deberían (a grandes rasgos, desde luego) ser los siguientes:

　las condiciones de pago;

　el precio;

　le entrega;

　la cantidad.

Supongamos que nos interesamos ahora por los plazos. Su *planning* se parecería a esto:

Realista:	90 días
Aceptable:	60 días
Más desfavorable:	30 días

A partir de ahí es igual que en el ejemplo anterior. Trabajará sobre estos tres puntos para determinar los resultados posibles.

Cuando su *planning* esté completamente lleno, estará en condiciones de ver toda la información que habrá recopilado y dispuesto para la fase de presentación.

La fase de presentación

Cada fase de la negociación es importante. Sin embargo, esta etapa le ofrece la ocasión de mostrar a la otra parte su seriedad y de prepararse para iniciar la negociación propiamente dicha. En este punto, la capacidad de comunicación es el factor esencial para lograr el éxito. Desgraciadamente, numerosas personas olvidan estas capacidades elementales, bajo el pretexto de que «todo el mundo sabe hablar».

Interrumpa su lectura un instante para bosquejar qué quiere decir para usted la palabra «comunicar».

¿Hablar?

¿Escuchar?

¿Tener competencias lingüísticas?

Comunicar es de hecho algo más que eso. Incluye todo lo que usted hace en una presentación. No se trata únicamente de las palabras que utiliza, sino también de su aspecto, de la ropa que lleva, del material que ha decidido utilizar. Puedo asegurarle, que el tiempo y la energía dedicados a reforzar su eficacia, especialmente en materia de comportamiento, le serán de una ayuda valiosa en la última etapa.

Para ayudarle a ir más rápido en su preparación, voy a referirme a la experiencia de mi amigo Doug Malouf. Numerosos directivos en Estados Unidos, Australia o Nueva Zelanda se benefician de sus conocimientos, cuyo principal atractivo reside en una aproximación práctica a la capacidad de comunicación. Su mensaje es muy sencillo: en cada presentación hay que concentrarse en las ideas clave y guardar los términos técnicos para una próxima comida de negocios.

Las ideas clave ya están seleccionadas en forma de puntos que usted ha inscrito en su *planning*. Estos puntos deben ser la base de todo lo que hará en la fase de presentación.

Estos son los consejos que deberá seguir en su próxima negociación.

La aproximación más natural, sinónimo de éxito, consiste en expresarse en términos sencillos y con palabras claves.

Cuando una manzana cayó sobre la cabeza de Newton, estoy seguro de que no se frotó la cabeza murmurando con aspecto soñador: «Estoy aquí, sentado bajo un manzano de unos veintiséis años, que da frutos rojos de unos ocho centímetros de diámetro, y una de estas manzanas cayendo sobre mi bóveda craneal me ha causado momentáneamente una sensación dolorosa».

Pienso que, de acuerdo con su carácter, debió gritar con furia:

«¿Quién ha sido el imbécil que me acaba de tirar esta maldita manzana?».

Es así como se habla habitualmente. ¿Entonces porque no nos expresamos de una manera natural en una presentación? Después de todo las personas presentes son adultas, como nosotros. Sin embargo, alguna cosa extraña se produce cuando la gente ha de hacer una presentación formal. Creen tener el deber de impresionar a los otros, de ser correctos, y emplean una jerga o un lenguaje técnico incomprensible.

Debe evitarlo necesariamente.

Después de una experiencia de veinte años, tanto en formación como en comunicación, he descubierto que era mucho más sencillo, en realidad, concentrarse en algunas palabras claves. Esto es lo que explica que la enseñanza de Doug Malouf sea tan afortunada; ha sabido hacer sencillo lo que parecía complicado. Él me ha autorizado a hacerle partícipe a usted de algunas de las ideas importantes que defiende.

La «aproximación del manzano», como él la llama, obliga al negociador (usted en esta circunstancia) a preparar solamente las palabras clave de la presentación y a concentrarse en los imperativos de la negociación.

Elegir palabras clave le ayudará a canalizar su pensamiento y evitará tener que escribirlo todo. Se preparará más rápido, por lo que ganará un tiempo muy valioso.

Esto también tiene ventajas para las personas que están sentadas al otro lado de la mesa.

La utilización de estas palabras clave les permite comprender en un momento el sentido de su mensaje. Es muy probable que en el futuro se muestren más sorprendidos por este ejemplo de eficacia que por muchas páginas de informaciones inútiles.

¿Cómo funciona esta aproximación innovadora? Se compone de cinco etapas sencillas que hay que aprender y aplicar:

1. Dar al dossier un título creativo.
2. Reducir su dossier a los asuntos imperativos.
3. Reducir los asuntos imperativos a las palabras clave.
4. Construir breves discursos alrededor de cada palabra clave.
5. Ilustrar este breve discurso con elementos visuales.

Halle un título creativo

Es obligado tratar el asunto en su dossier y darle un título atrayente o creativo.

Reduzca su dossier a los asuntos imprescindibles

Durante mi larga experiencia profesional he descubierto, que es necesario concentrarse, como máximo, en cinco temas imprescindibles, en razón de la capacidad de memorización de los diversos auditorios. Seguro que usted conoce su dossier, pero dedíquele un poco más de reflexión. Rómpase un poco la cabeza y haga una lista de los elementos clave. Clasifíquelos a continuación por orden de importancia, de lo imperativo a lo facultativo, pasando por lo interesante. Sólo le resta elegir los cuatro elementos más importantes. Recuerde, ya ha hecho lo mismo llenando su *planning* de negociación.

Reduzca los asuntos imprescindibles a las palabras clave

Hallar las palabras clave consiste en condensar el mensaje contenido en sus informaciones en una palabra o en una frase fáciles de memorizar. Esta palabra, en consecuencia, deberá ser especialmente representativa del punto que usted expone.

Puede causarle escepticismo el hecho de tener que reducir el contenido de una negociación a algunas simples palabras; ¿no es, a veces, la información demasiado compleja?

Las palabras clave son, de hecho, los puntos más importantes, que le ayudan a clarificar su pensamiento y así a trabajar mejor. El camino del éxito pasa por su capacidad para reducir toda la información que debe concretar en cuatro palabras clave. Todo es posible y eso sólo exige cierta disciplina.

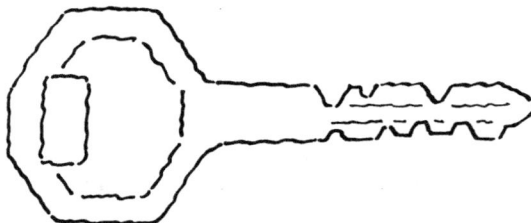

Construya breves discursos alrededor de cada palabra clave

Una serie de breves exposiciones centradas en cada palabra es más interesante que un discurso largo y aburrido. En estos pequeños comentarios es importante, tratándose en suma de subtítulos:

   explicarlos;

   subrayarlos;

   hacerlos aceptar.

Explique por qué ha escogido tal o cual palabra clave en relación a la negociación en curso.

Subraye las palabras y sus argumentos con la ayuda de anécdotas, hechos y estadísticas.

Incite a la otra parte de la mesa a acordarse de su idea, a aceptarla y a reaccionar a su presentación.

Ilustre sus informaciones

Usted está en condiciones de utilizar transparencias, películas, vídeos, etc., pero lo esencial es crear imágenes mentales de su producto, gracias a anécdotas y a otros estímulos en relación con el objeto de la negociación.

Por ejemplo, si yo tuviera que vender la «aproximación a la palabra clave» intentaría en primer lugar pensar cuál sería para usted su principal ventaja —la disminución del tiempo de preparación— a fin de animarlo a utilizarla. Consciente de este problema, vuelvo a Doug Malouf, para obtener más consejos.

«Doug, le digo dejando el manuscrito de esta obra sobre su mesa, sé que «la aproximación del manzano» vale para ser utilizada con éxito reiteradas veces, pero a mis lectores les gustaría seguramente oír una historia sobre este tema, de boca, si puedo expresarme así, del inventor del método».

Enseguida le he mostrado su libro.

«¿Puedes ponerme un ejemplo de cómo has reducido una montaña de informaciones técnicas, demasiado complejas, a algunas palabras clave?».

— Fácilmente, respondió Doug enseguida. Pienso en una campaña que hicimos para Apex[1] en 1977 y que consistía en una colecta de fon-

---

1. Apex es una federación de clubes que funcionan según el mismo método que el Lions o el Rotary Club.

dos para ayudar a los niños enfermos de leucemia. El título de esta campaña era muy sencillo, imaginativo y fácil de recordar: «Ayude a un niño a curarse».

— Estoy de acuerdo, respondí, moviendo la cabeza, pero ¿cómo sigue?

— Los responsables me facilitaron un grueso documento que parecía una enciclopedia, prosiguió. Estaba lleno de hechos, cifras, estudios que explicaban casos particulares, protocolos de investigación, sencillamente un verdadero galimatías. A partir de ahí querían que estableciese un proyecto de colecta de fondos. Un verdadero rompecabezas.

— Perfecto, dije, es exactamente el tipo de problemas al cual tendrán que enfrentarse mis lectores en una negociación, estar delante de un montón de informaciones y no saber por dónde comenzar. ¿Cómo lo conseguiste?

— En primer lugar busque cuál era la idea principal. Se trataba de encontrar el dinero. Un millón de dólares, de hecho. En el fondo había que encontrar alguna cosa nueva para presentar al público. Sabía que tenía que hacerlo sencillo. Y, finalmente lo hallé, dijo, golpeando los dedos. Llegué a una cifra: 134.589.

¿Pero podrías decirme que relación hay entre un millón de dólares y 134.589?

Es muy sencillo. Sencillamente, Doug Malouf había dividido un millón por el número de clubes Apex que había en el país y había descubierto que cada club debía reunir 1.345,89 dólares para alcanzar un millón.

¡Soberbio!
¡Sencillo!
¡Eficaz!

Numerosos clubes Apex escribieron a Doug Malouf, diciéndole: «No sabemos muchas cosas del proyecto, pero, dado que estamos seguros de que se trata de una buena causa, le ofrecemos este talón de 1.345,89 dólares».

Gracias a un título evocador, «ayude a curar a un niño» y a otros conceptos y frases claves, la campaña tuvo un enorme éxito.

No olvide que cada vez que tiene delante a la parte contraria para presentarle su dossier en una negociación, usted les cuesta, igual que a su empresa, tiempo y dinero. Todo el mundo le estará reconocido si consigue evitar hacer durar las cosas más tiempo del necesario. Siendo creativo y utilizando la «aproximación del manzano» reducirá la duración de las sesiones de trabajo.

Trabaje también su aptitud para ir al meollo del asunto, aunque pueda parecerle excesivamente técnico y muy complicado. Si es necesario reserve los detalles para diversos folletos, porque si no consigue captar y conservar la atención de su auditorio, este se pondrá a soñar despierto y podría desear estar en otro sitio a la sombra de un manzano, o quizás intentando perfeccionar sus conocimientos en aerodinámica construyendo pequeños aviones de papel. (También es posible, si usted está realmente desafortunado, que haga aviones con algunos documentos sin demasiado interés que usted le haya remitido).

Para simplificar, proporciónele una información sencilla, no le dé la ocasión de hacer aviones de papel.

Habiendo reducido su dossier a algunas palabras clave, sólo le quedará preocuparse por el soporte visual ilustrativo para el dossier.

Muchos estudios se han realizado sobre la eficacia de la utilización de un soporte visual durante una presentación cualquiera. Las encuestas más concluyentes son las que ha realizado la empresa 3M y la Wharton School de la Universidad de Pennsylvania, en Estados Unidos.

Durante este estudio, se preguntó a veinticinco estudiantes de licenciatura en gestión de empresa cómo convencer a un grupo para que probara un nuevo producto ficticio. Lo que hicieron durante treinta y seis reuniones.

La presión era real, la misma que la que usted siente cuando presenta su oferta en una negociación.

Las reuniones estaban organizadas de forma que simulasen los procesos de decisión que intervienen generalmente durante las verdaderas sesiones de trabajo. A fin de evidenciar el impacto de los soportes visuales, uno de los oradores utilizaba elementos presentados con un retroproyector, mientras que el otro sólo realizaba una sencilla presentación. Todos los presentadores fueron a continuación sometidos a la misma experiencia con todo el grupo como auditorio.

¿Los resultados? Al final de la octava semana de estudio, se constató que:

— los elementos visuales tenían impacto en la toma de decisiones;
— el auditorio consideraba como más creíble a un presentador que utilizaba estos materiales;
— el proceso duraba menos tiempo.

Los presentadores que utilizaban elementos visuales también fueron considerados como mejor preparados, más persuasivos, mucho más profesionales, y su propuesta suscitó más interés.

Pero probablemente usted no tiene necesidad de todas estas explicaciones relativas a la utilización de elementos visuales en una presentación. Seguramente, ya habrá asistido como oyente a bastantes sesiones de presentación, como para conocerlos bien y ya sabe si prefiere estar delante de un orador que se contenta con hablar o de otro que le muestra otros apoyos que completan sus palabras.

La utilización de elementos visuales

A continuación se dan algunos consejos prácticos que le permitirán obtener provecho de los elementos visuales en su próxima negociación.

Recuerde este principio: menos, es mejor.

Utilice únicamente las palabras clave y los asuntos imprescindibles como base para sus elementos visuales. Un gran especialista en estos elementos de una gran empresa americana preconiza cuatro reglas sencillas:

1. No utilice más de seis líneas de texto por elemento.
2. No utilice más de seis palabras por línea.
3. Utilice gráficas.
4. Refuerce el impacto con el color.

Respetar estas reglas le forzará a utilizar solamente el número mínimo de palabras. El mismo principio se aplica también a los elementos visuales: presente sólo el mínimo. Las personas se aburren muy rápido si se les muestra una sucesión de imágenes en una pantalla. Lo excesivo se convierte pronto en enemigo de lo bueno. En cambio, algunas imágenes, cuidadosamente seleccionadas, son fáciles de memorizar y ayudan a la otra parte a comprender su oferta.

Doug Malouf dice, por otra parte, de acuerdo con mis palabras: «Estoy convencido de que la razón del éxito de la campaña Apex estuvo

fundamentalmente en la utilización de elementos visuales en la presentación del proyecto».

Si también le es posible utilizar imágenes en color, no lo dude. Los especialistas podrán enseñarle cómo transformar simples fotografías o en soberbias imágenes que le ayudarán en una negociación.

Un gran número de negociaciones de importancia han sido ganadas en la fase de presentación, por empresas que contrariamente a sus oponentes, empleaban ilustraciones cuidadosamente elegidas, porque eran percibidas, de hecho como mejor organizadas y más profesionales.

Estoy seguro de que muchos oradores piensan que la utilización de diapositivas y de gráficas es una pérdida de tiempo. Los diversos análisis realizados son sin embargo concluyentes: los elementos visuales son un triunfo suplementario y permiten ganar un tiempo precioso.

Es evidente, en esta fase del proceso de negociación, que usted puede dejar hablar a su personalidad y dejar salir su entusiasmo, si ello le satisface. Ya sabía que podía captar a la otra parte con la utilización de un vocabulario adecuado en su presentación, pero eso no es de hecho suficiente para asegurarse el éxito. Los mensajes enviados a través de los diversos elementos visuales son un triunfo aún más poderoso.

Quizás usted no se lo crea, pero numerosas personas que comparten mi opinión han comprobado la veracidad de estas cuestiones, gracias a profundas investigaciones. Estudios recientes realizados en la Universidad de Columbia, en Estados Unidos, demuestran cómo es generalmente percibido un mensaje por nuestros diferentes sentidos, percepción que exponemos aquí expresada en porcentajes:

1,5 % por el tacto;
1,5 % por el gusto;
6 % por el olfato;
10 % por el oído;
81 % por la vista.

El mensaje es claro. Utilice elementos visuales, hágalos lo más interesantes posible, y logrará ser más creíble en su próxima negociación.

Las gráficas

Con frecuencia, la utilización de gráficas en una presentación anima a la otra parte a soñar o a dormirse. Por ello se deben utilizar con precaución siguiendo, para aplicarlas, estos sencillos consejos.

El momento ideal para utilizar gráficas y tablas se produce cuando se presentan al auditorio informaciones relativas a tendencias o comparaciones.

¿Cómo saber ahora qué tipo de gráfica elegir? Cuando desee mostrar una tendencia o una evolución, utilice un diagrama. Son especialmente interesantes para ilustrar tendencias o realizar comparativas, especialmente cuando su producto está en una posición favorable.

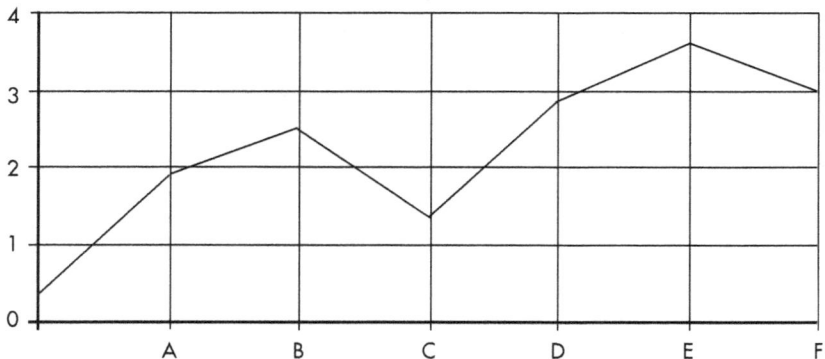

Si usted tiene necesidad de presentar ratios, porcentajes, o partes en relación al total, opte por una gráfica por sectores, que resultará muy explícita para mostrar cómo diversos elementos se reparten en un conjunto.

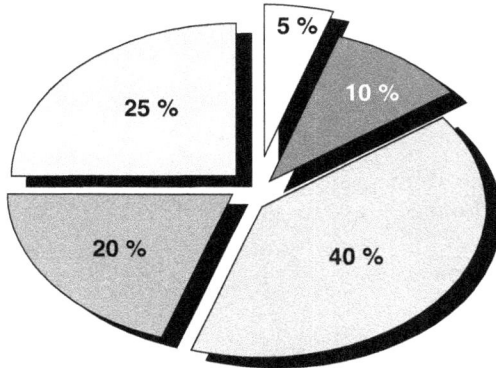

Los contrastes pueden ser ilustrados con un gráfica de barras. Se obtienen así resultados interesantes sustituyendo, de una manera muy creativa, las barras por los símbolos. Se pueden utilizar por ejemplo coches, aviones o cualquier otra imagen que visualmente pueda enviar un mensaje.

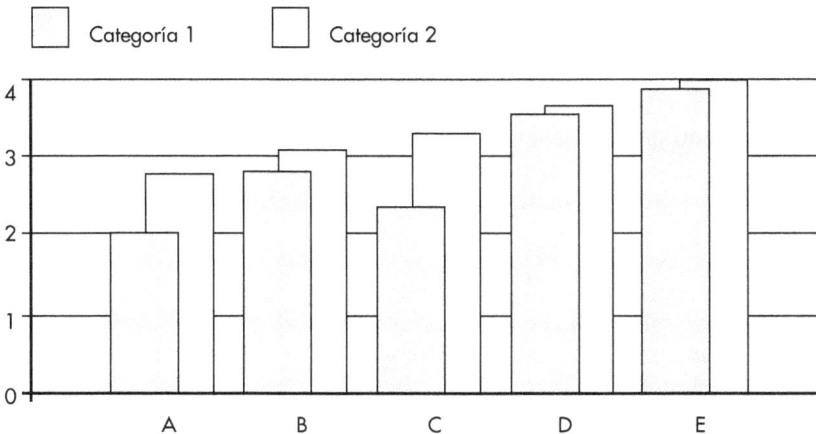

La utilización de estadísticas y especificaciones genera con frecuencia en el auditorio un irresistible deseo de dormir. Utilice cuadros y columnas para presentar informaciones de importancia similar, habitualmente cifras relativas a diferentes series de medidas.

Si debe mostrar una evolución por etapas, elija un bloc-diagrama en el cual los diversos elementos representan una función específica en una operación dada.

Si debe referirse a símbolos o a otros datos complejos, los planos esquemáticos o los dibujos a escala pueden servir para visualizar la importancia de los diversos símbolos o valores.

Recuerde:

— si puede hacer su mensaje más visual, hágalo;
— si puede mejorar el impacto empleando el color, no lo dude.

Se verá recompensado.

Las técnicas de presentación

En lo que concierne a la presentación propiamente dicha, estas son algunas ideas muy sencillas que darán más impacto a la utilización del retroproyector y a los elementos visuales que haya elegido mostrar.

1. Antes de poner en marcha el retroproyector, ponga su documento en el sitio, asegurándose de que está en la posición correcta con el título bien visible. Si se trata de una negociación de gran importancia, no se fíe del equipo proporcionado por la otra parte. Lleve su propio retroproyector. Este consejo es también válido para los equipos informáticos: compruebe que funcionan antes de comenzar.

2. Utilice lo que se llama la técnica del desvelado. Consiste en colocar una hoja de papel sobre el documento y no desvelar más que la información que se desea mostrar a la otra parte, cuando se pone en marcha el aparato. Seguidamente proceda punto por punto, retirando progresivamente la hoja hasta que todo el documento quede al descubierto.

3. Si desea dar a la otra parte una imagen relativamente detallada de su proyecto, recurra a la técnica de la superposición. Esto le permite comenzar con un único elemento visual y después añadir progresivamente otros documentos, a fin de obtener la imagen o la precisión en los detalles que quiera mostrar.

4. Si es necesario utilice un punzón cuando maneje un retroproyector. Sobre todo no se gire para mostrar alguna cosa sobre la pantalla. Con demasiada frecuencia, en efecto, presentadores nerviosos pasan más tiempo hablándole a la pantalla en lugar de dirigirse a su auditorio.

¿Puede utilizar diapositivas de 35 mm en la fase de presentación? No hay duda de que pueden ser muy útiles, pero se necesita apagar la luz, y, si la jornada ha sido larga, sus oyentes podrían aprovechar la ocasión para, subrepticiamente, dar una cabezada.

No permiten la flexibilidad que da la utilización del retroproyector y los documentos visuales, pero se pueden revelar como muy útiles en algunas presentaciones. No olvide tampoco, que exigen mucha preparación.

Finalmente, asegúrese de que conoce el manejo del equipo antes de utilizarlo.

Los horarios

La eficacia de su presentación, sin hablar del posible éxito o fracaso de la negociación, puede depender del horario elegido. Basándome en mi propia experiencia y en la de otros negociadores, le aconsejo encarecidamente programarla al principio o al final de la mañana. La mayor parte de las personas estamos más despiertos por la mañana y nuestro espíritu crítico está más atento. Desde un punto de vista práctico, si es necesaria una pausa porque ha comenzado a una hora temprana, podrá continuar la sesión después del almuerzo.

Si la otra parte propone que la reunión tenga lugar después del mediodía o al atardecer, muestre firmeza y pida explicaciones. Si la respuesta que le dan le parece válida, decida en conciencia. Si no lo es organice la reunión a la hora que le convenga más.

Es esencial, en este punto, poner el acento en el hecho de que las dos partes deben estar en condiciones de igualdad, la otra parte necesita a la suya como esta a aquella.

Piense también en el sitio que ocupará. Si usted se siente incómodo, actúe antes de que la reunión comience.

El lenguaje del cuerpo

Este es otro elemento importante en toda negociación pero que los negociadores olvidan: el lenguaje del cuerpo. Efectivamente usted no desea, en ningún caso, que su nerviosismo sea captado por la otra parte, poniéndola también nerviosa.

Es absolutamente capital no solamente desde su punto de vista, sino también desde el de ellos.

Envíe su mensaje de una manera positiva. Tenga todas las informaciones que necesita a mano. Sonría y hable con calma. Sus nervios, efectivamente, pueden acelerar su discurso o hacer que se quede sin aliento. Su voz puede entonces soltar gallos o faltarle potencia a sus frases.

Si el pánico comienza a dominarle, párese y beba un poco de agua. Ralentice voluntariamente la cadencia. No debe dejar que su cuerpo le traicione.

«Nuestra actitud depende de los gestos que realizamos: los gestos están en estrecha correlación con nuestro carácter y con la manera en que nos movemos en diferentes acontecimientos o circunstancias.
La mayor parte del tiempo nuestros gestos son inconscientes, por ello llegan a enseñar de manera muy precisa nuestra manera de ser a los que se toman la molestia de observarnos. Por regla general, cuanto más numerosos son los gestos, menos se domina uno a sí mismo.
Por otra parte, gesticulando se pierde una gran cantidad de energía que debilita el dominio de sí mismo».
(Jean-Louis Victor; Signes et présages dans la vie quotidienne, *Editions De Vecchi, 1996).*

El gran día

El gran día ha llegado.

Ha entrado en la gran sala repleta de personas para presentar su contrato de negociación para los próximos doce meses. Ha presentado sus ideas, y todo va bien por ahora.

Después las cosas han comenzado a complicarse.

A mitad del segundo punto (las condiciones de pago), la otra parte está nerviosa. Las voces suben de tono, las bocas hacen muecas, brevemente, estos actos reflejos muestran que ha tocado un punto sensible.

¿Qué hacer?

1. Recuerde que durante cualquier negociación los desacuerdos pueden surgir a partir del momento en que se ha nombrado la palabra negociación y hasta el acuerdo final. Si es posible reserve este punto de-

licado para el final de la presentación, porque en caso contrario, la exposición de cada uno de los puntos se convertirá en una verdadera batalla.

Si la otra parte se pone nerviosa a causa de este punto en concreto, asegúrese de que se trata de un problema emocional y no del problema en cuestión.

No haga ninguna concesión con el único objetivo de que la reunión continúe. Algunas personas podrían utilizar esta táctica para cansarle durante la presentación. También es vital que no pierda de vista el objetivo de la negociación.

Recuerde que en este caso su misión consiste en conducir bien su presentación y no en iniciar la negociación propiamente dicha, antes de que cada punto haya sido estudiado.

2. Anote cada punto que haya suscitado un problema y continúe su discurso. Eso significa que escucha a la otra parte, pero lo más importante es que le demuestra que controla la situación.

3. No desvele demasiadas informaciones respondiendo a las preguntas, porque sus oyentes podrían intentar sacar ventaja durante la presentación para intentar establecer su posición durante el proceso.

4. Una vez que haya respondido a las diferentes cuestiones. Pase a otra cosa y continúe la presentación.

La cuestión consiste en saber que la fase de presentación debe preparar el terreno para la fase de negociación propiamente dicha.

Demasiada tensión y una falta de firmeza pueden comprometer gravemente la fase siguiente.

Prepare por tanto con cuidado su presentación, lo que facilitará la continuidad de los acontecimientos.

Si usted no se prepara suficientemente, una catástrofe le espera. Pongamos el ejemplo de una presentación en la que cada una de las partes ha llegado a la reunión con las espadas en alto, sin ni siquiera querer intentar crear un entorno favorable a un acuerdo.

Las conversaciones para la paz en Oriente Medio que tuvieron lugar en Madrid, a comienzo de los años noventa son un ejemplo perfecto de una presentación que se ha aproximado al desastre.

Las partes estaban totalmente implicadas y sensibilizadas, pero los debates no condujeron hacia las verdaderas cuestiones a negociar. Israel y los países árabes presentes utilizaron esta fase de presentación de su negociación de paz para insultarse y exponer sus agravios, en lugar de concentrarse en los verdaderos problemas.

Todo lo que se derivó fue que las dos partes se encontraron en una batalla por su propio ego.

Si usted busca un acuerdo satisfactorio para las dos partes, no tendrá posibilidades de conseguirlo utilizando este tipo de procedimiento.

Recuerde que:

— el objetivo de la presentación es preparar las bases de un acuerdo, no enzarzarse en una discusión a brazo partido;
— la fase de presentación debe ser respetada;
— la otra parte podría haberle juzgado y utilizar tácticas para cazarle, desde un punto de vista emocional, en cuestiones delicadas.

En fin, si ha decidido utilizar el estilo reflexivo para la negociación que va a realizar, no olvide que tiene que intentar mejorar sus relaciones con la otra parte y no intentar engañarla. Deberá utilizar esta fase para reforzar la confianza que pueda existir entre usted y la otra empresa.

La fase de presentación es una buena ocasión de mostrarle claramente por qué debe hacer negocios con usted en lugar de actuar contra usted.

En resumen

1. Debe respetar tres etapas en el desarrollo de esta fase:

desarrollar la función de un buen abogado de la defensa;

preparar el dossier como lo haría la otra parte;

presentar las razones que harán que su propuesta sea la mejor.

2. Prepare su *planning* de negociación y de, manera global, aplique todas las estrategias de las que hemos hablado en los capítulos anteriores:

desplácese por el contínuum rápido-reflexivo;

prevea los diferentes resultados: realista, aceptable, el más desfavorable;

identifique los cuatro puntos clave sobre los que debe trabajar.

Basándose en estos cuatro puntos y los tres resultados posibles, dispondrá de un gran número de opciones, 80 en total.

3. Realice su presentación ante la otra parte.

CAPÍTULO 6

La fase de negociación propiamente dicha

« "¡No tiene ningún valor!" clama el comprador intentando negociar, pero a continuación, presume de su buen negocio».
LIBRO DE LOS PROVERBIOS 20, 14

Cuando haya tomado parte en algunas negociaciones, distinguirá a los negociadores «incorruptibles» que siempre parece que quieran singularizarse. Quizá no son verdaderamente simpáticos, pero en cierto sentido, usted admira la manera con la que controlan la situación y obtienen lo que desean.

Porque, a pesar de todo ello, es así como se reconoce a un buen negociador, ¿no? No necesariamente, de hecho. Pueden salir vencedores de una negociación, pero sus adversarios difícilmente tratarán de nuevo con ellos. Las personas que participan en la negociación, en el otro lado de la mesa, partidarios de una aproximación cooperativa para obtener beneficios mutuos, no quedarán verdaderamente impresionados por esta actitud consistente en querer vencer a toda costa.

Déjeme explicarle una historia sobre un negociador tenaz al que llamaremos Max Lefort.

Max estaba persuadido de que la mejor manera de sobrevivir en este mundo era estar seguro de haber obtenido el acuerdo más favorable para su empresa, en detrimento de la parte contraria. Lo hacía tan bien que una vez de cada dos la otra parte ni se daba cuenta de que había sido engañada.

Se podía decir de él que, y sin duda estaremos de acuerdo, si bien tenía éxito en los negocios, no era muy apreciado.

Un día nuestro intrépido negociador decidió tomarse un descanso. Unas vacaciones le parecieron una buena idea; había oído hablar de un lugar muy particular, un lago mágico situado en medio de un país imaginario llamado el País de los Espejos.

«Debería ir allí, le decían todos los que lo habían visitado. Eso le alejaría del mundo real. Es sorprendente. Todo lo que tiene que hacer es beber un vaso de agua de las fuentes mágicas, y, sin ningún esfuerzo, podrá tener éxito en todo lo que emprenda».

Max preparó sus maletas. Un lugar en el que se tenía éxito sin tener que desvivirse, parecía un lugar especialmente indicado para un negociador duro como una piedra deseoso de descansar. Presionar sin descanso sobre las personas para poder obtener lo que se quiere era de hecho un duro trabajo. Max se sorprendió en el País de los Espejos. Los habitantes eran de una ineficacia flagrante. ¿Por qué, por ejemplo, cuando intentó alquilar un barco, nadie atendía en la tienda? Un hombre viejo desdentado que descansaba al sol le advirtió que había una carrera de caballos en el sur del país y que todo el mundo había decidido asistir después de comer.

Contrariado, Max decidió escoger él mismo su barco, lo que no le resultó muy difícil teniendo en cuenta que nadie le atendía. Este país estaba habitado por personas que evidentemente no tenían ningún sentido de la responsabilidad, y Max se inquietó pensando que eso quizás afectaría a sus capacidades como negociador, dado que no había nadie con quien negociar para obtener un mejor precio.

Ni siquiera los peces cumplían su contrato. Si este lugar era un sitio maravilloso para pasar sus vacaciones, ¿por qué no picaban el anzuelo? Después de varias horas de espera, y cuando se preguntaba si los peces también se habrían ido a ver la carrera, la boya de su caña de pescar se hundió en el agua.

El pez luchó bravamente, y Max sintió la adrenalina circular de nuevo por sus venas cuando triunfante lo sacó del agua. Un examen más atento del animal le mostró que se trataba de un pez muy extraño. De un azul brillante, sus escamas lucían al sol, mientras se retorcía en el fondo del barco. Muy asombrado, Max notó que le estaba mirando con el ojo brillante de la inteligencia.

Después se puso a hablar.

«Por favor devuélveme al agua, suplicó y te concederé tres deseos».

¿Tres deseos? Sonrió Max. Tres deseos ciertamente le serían muy útiles, pero imagine cómo sería el futuro si pudiera obtener de este curioso pez que realizara cinco. No le llamaban Max el tenaz por nada.

«Digamos cinco y asunto concluido», sugirió con un aire relajado contemplando el animal que parecía desesperado.

— No puedo conceder más que tres deseos, repitió el pez, que empezaba a asfixiarse.

El sagaz negociador cruzó los brazos y simuló reflexionar sobre el ofrecimiento.

«De acuerdo, dijo, que sean cuatro».

Esta vez, sin embargo, el pez no contestó nada, yacía muerto en el fondo de la barca.

De acuerdo, el mensaje implícito en esta historia no es muy sutil. Era lo que quería. Al contrario, debe ser muy claro —si está en la fase de negociación reflexiva y se aproxima a la otra parte como Max ha hecho con el pez, va derecho al fracaso—. Un acuerdo, efectivamente, será difícil y hasta imposible de obtener.

En nuestros diferentes cursos, hemos recurrido con frecuencia a actividades estructuradas para mostrar cuán fácil es ser un Max Lefort, es decir ganar machacando al adversario. Un gran número de participantes en estos cursos, que actúan de esta manera tienen la impresión de que sus rápidos éxitos son una manera de mostrar al mundo que son buenos negociadores.

Estas personas, sin embargo, no llegan a tener éxito en el siguiente ejercicio, porque ninguna persona en el grupo les otorga suficiente confianza como para volver a trabajar con ellas. Y lo que sucede en estos cursos sucede también en la vida todos los días. Un tipo de comportamiento como este acabará por perjudicar a su empresa al participar en una negociación.

No debe olvidar nunca que durante la fase de negociación, desempeña el papel de juez.

Su tarea, en este instante, igual que la de un juez en un tribunal, consiste en escuchar las dos versiones de la historia antes de dar su respuesta. También deberá saber plantear buenas preguntas, en primer lugar para resaltar los hechos, y en segundo lugar para descubrir las tácticas que emplearán las dos partes para obtener una sentencia favorable.

Supongamos por un momento que el negociador de la otra parte quiere jugar el papel del duro porque no tiene ganas de seguir trabajando con usted. ¿Qué hacer? Para hallar la respuesta, vamos a observar las diversas tácticas utilizadas por los negociadores empeñados en llegar a un acuerdo que les sea favorable, después examinaremos la cuestión de la percepción del poder que nos inspira la otra parte. Muy a menudo, efectivamente, pensamos que es superior, y esto es peligroso.

Una vez más, no olvide que si los otros negociadores han ido tan lejos en las discusiones, es porque tienen tanta necesidad de usted como usted de ellos.

En los capítulos anteriores, hemos visto cómo nuestras necesidades y nuestras motivaciones tenían un efecto directo en la manera de comportarnos durante la fase de negociación propiamente dicha en relación a la parte contraria.

Nuestra motivación nos dicta en efecto nuestro acercamiento.

Con el tiempo aprenderá que cuanto más quiera dominar un mercado, más difícil le será mantener una actitud neutra durante la fase de negociación. Cuanto más se sitúe en un plano emocional, en una negociación, mayor será la tendencia a hacer concesiones. Es pues esencial saber, para sus próximos interlocutores, hasta qué punto se situará en este planteamiento. Este conocimiento le dará más posibilidades de comportarse objetivamente. (En el capítulo 8, examinaremos con más detalle este concepto, estudiando la dinámica de la negociación en equipo).

Los diversos tipos de comportamiento y los valores morales que las personas adoptan en una mesa de negociación han sido objeto de muchos estudios. ¿Sabía que incluso en la Biblia se hallan consejos, sobre el arte de negociación?

El consejo del Libro de los Proverbios citado en exergo es claro. Sea justo en los negocios. Si tiene que negociar no adopte una actitud desagradable con el objetivo de hacer presión sobre el otro y obtener precios más bajos.

Hay múltiples maneras de evaluar las reacciones de la otra parte durante la fase de negociación propiamente dicha. La más eficaz consiste en analizar las diferentes tácticas empleadas, que es lo que vamos ha hacer.

Dado que la percepción del poder, por oposición al verdadero poder, puede influir enormemente en el resultado de la negociación, nos interesaremos también por ello, y acabaremos dando un rápido vistazo a las técnicas de interrogación.

Las tácticas

Seminario tras seminario, los participantes me plantean esta sencilla pregunta:

«¿En una negociación, cuándo debemos recurrir a las tácticas?».

Mi respuesta siempre es la misma: Si usted hace gala de seriedad en su trabajo (en particular si utiliza un estilo cooperativo), no hay más que única táctica a utilizar una con inteligencia: abandonar la sala.

Su capacidad para levantarse y volverse sobre sus pasos sin haber llegado a un acuerdo le destacará.

Puede dejar la mesa ya sea con la intención de retomar posteriormente las discusiones, ya sea con la de romper todo el diálogo. Los buenos negociadores saben cuándo es necesario pararse.

La táctica de abandono puede ser utilizada en cualquier momento de la negociación, en la discusión sobre orden del día, sobre el lugar de la negociación o sobre las disposición de los asientos.

La astucia consiste en incluir esta posibilidad en su planteamiento.

No recurra a esta táctica con el simple pretexto de que la otra parte le pone nervioso. Utilizada con plena conciencia, la táctica del abandono llegará ser la mejor baza.

La otra parte, si no sabe a qué atenerse en cuestiones de ética, utilizará todos los trucos a su disposición para desestabilizarle. Vamos a examinar juntos algunas tácticas a las cuales quizá tenga que enfrentarse.

Las llamo las doce grandes clásicas de Hollywood.

Hay algunas otras, pero basándome en mis propias experiencias y en las investigaciones realizadas, sé que estas son las más habituales.

Quizá tenga necesidad, de vez en cuando, de recurrir a estos trucos para conseguir el éxito. Resista la tentación. Si tiene un poco de conciencia no tendrá necesidad de utilizar estos artificios.

Probablemente haya visto, en viejas películas, a personas que utilizan estas tretas, pero permanezca en la vida real, sólo son utilizadas excepcionalmente por los buenos negociadores. Sin embargo es vital poderlas reconocer. Esté atento a esta eventualidad en todas las fases del proceso: en la primera reunión, en la fase de negociación propiamente dicha o en el acto de firma del contrato. Observe también que se practican en todos los países del mundo.

El orden seguido en esta relación no se debe a ninguna prioridad y hasta es posible que ya conozca algunas con otro nombre, pero el principio es el mismo.

Las grandes clásicas de Hollywood

LA AUDACIA

Esta treta se emplea cuando la otra parte quiere utilizar su poder y reducir la duración de la negociación. Se manifiesta generalmente bajo la forma de un acceso de cólera o de una actitud de tipo emotivo. Sujétese a su silla y deje pasar la tempestad. Descubrirá que generalmente no se quiere poner en marcha por los resultados de la negociación, sino simplemente para dirigirla contra usted. A fin de desestabilizarlo para el resto del proceso.

En cuanto usted se haya dado cuenta de la estrategia, esta habrá perdido toda su influencia. La manera más eficaz de desactivar la táctica, aunque esto puede servirle para comprobar su sangra fría, es no reaccionar en absoluto. Responder con un tono irritado sólo conseguiría animar al otro a seguir en el mismo sentido. No olvide tampoco que nunca se puede volver sobre lo que se dice bajo un acceso de cólera.

Otra posibilidad para luchar contra esta táctica consiste en pedir una suspensión de la reunión y reanudar las discusiones cuando la cosa se haya calmado.

Si la parte contraria persiste en esta actitud, se puede, no obstante, hacerle comprender que usted no la valora, sin adoptar, sin embargo el aire del censor. Diga sencillamente alguna cosa como esta: «Estoy realmente sorprendido». Esto le permitirá exteriorizar sus sentimientos sin atacar directamente a la otra parte y esta comprenderá rápidamente el mensaje.

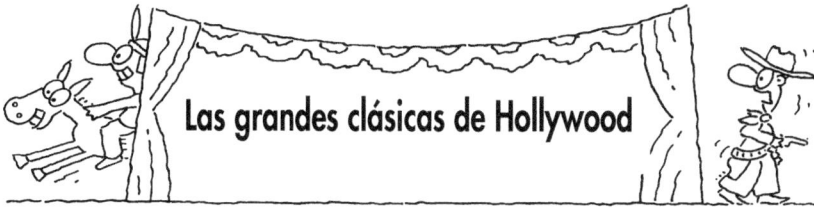

DISCUTIR SOBRE UN PUNTO CONCRETO

Este artificio generalmente es utilizado en las negociaciones que tratan sobre las condiciones de trabajo o las remuneraciones entre asalariados y patronal.

La mayor parte del tiempo, este asunto se mantiene sin relación con los anteriores acuerdo o decisiones. No obstante, es muy importante, cuando se utiliza este ardid desde el comienzo de una negociación, identificar este punto, sin acusar a la otra parte de mentir o algo peor todavía.

Una de la maneras más eficaces de reaccionar es no hacer nada hasta que se haya tenido el tiempo de estudiar los planteamientos. Pida hacer una pausa y revise las informaciones de las que dispone.

FINGIR IGNORANCIA

Es una de las grandes clásicas, muy utilizada por los negociadores aguerridos. Consiste en intentar sonsacar toda la información posible desde el comienzo del proceso.

Las personas que utilizan esta táctica son generalmente de tipo apacible.

¿Ha visto la serie de televisión sobre Colombo?

En ella el célebre inspector. Siempre equipado con su arrugada gabardina, mostrando ignorancia para conseguir sus fines. Igual que Colombo, quienes la utilizan hallan un medio disimulado para sonsacar informaciones suplementarias.

Recuerde, este tipo de adversarios se las arreglará para tener siempre la última palabra.

El mejor medio de contraatacar esta táctica consiste en responder a la pregunta, pero sin desvelar nada más sobre su dossier. En resumen, contestando brevemente, sin pronunciar una palabra de más que no sea necesaria.

EL ENTORNO

Esta es la treta utilizada en todos los tipos de negociación. La otra parte elige su entorno, su propio terreno, a fin de tener una ventaja sobre usted. Así dispone de recursos más diversos y puede manipularlos como desea.

Si la reunión se celebra en la sede de la empresa de la otra parte, usted podrá, por ejemplo, encontrarse solo en una pequeña sala durante una veintena de minutos, lo que someterá sus nervios a una dura prueba. La otra parte, de alguna forma, le condiciona.

Puede contraatacar esta táctica pidiendo, en un tono cortés pero firme, que la reunión tenga lugar en un sitio neutral. Si sus adversarios no quieren cooperar, asegúrese al menos de poder decidir el lugar en el que se va a sentar, así como de la disposición de los asientos durante la duración de las sesiones.

«COMIENCE USTED»

Decidir los méritos relativos para comenzar una negociación es comparable a lo que siente el capitán de un equipo de fútbol cuando debe hacer el saque de centro. ¿Es mejor imponer su propio ritmo o seguir la cadencia impuesta? Las opiniones sobre este tema son diferentes en función de las personas interrogadas.

Cada negociación es diferente, puede ser preferible querer tomar la palabra al principio, o bien estar deseoso de escuchar a los otros. Seguramente debe pensar que este tipo de consejo de nadar y guardar la ropa no es de una gran utilidad.

Voy a darle un sencillo truco.

Si es el vendedor, elige empezar, evidentemente para realizar una llamativa presentación. Le recomiendo este procedimiento porque ya sabe que los compradores necesitan que usted pueda (esperamos) aportarles, gracias a su propuesta, la solución a su problema.

Si es el comprador, es más juicioso dejar que comience el vendedor, porque así sabrá cuánto va a costarle la operación.

Si, después de eso, todavía duda de la posición que debe adoptar, reflexione atentamente sobre la relación comprador/vendedor que hay entre ustedes. Esto le ayudará.

EL ULTIMÁTUM

Esta táctica es utilizada con frecuencia cuando la otra parte desea forzarle a tomar una decisión rápida. En general quienes la practican lo hacen para animarle a cerrar un negocio o comprar un nuevo producto. En este caso, debería escuchar propuestas de este tipo: «Es una ocasión de oro, una ocasión que no debe perder para ganar mucho dinero».

En primer lugar el dinero no es nunca fácil de ganar y además, estas ocasiones son un poco como los metros, si se pierde uno siempre se puede coger el siguiente.

¿Cómo manejar el ultimátum?

Examine cuidadosamente el ofrecimiento que se le hace antes de tomar una decisión. Estará ciertamente tentado de decir «sí», pero mejor ser prudente.

(Recuerde que uno se arrepiente a menudo de una decisión tomada apresuradamente).

EL TIEMPO

Se trata de un gran clásico utilizado tanto en las negociaciones nacionales como internacionales. Si dispone de bastantes días para firmar un contrato y los pierde esperando que comiencen las negociaciones, puede estar seguro de que todos los puntos importantes serán negociados camino del aeropuerto.

La táctica también puede consistir en un alargamiento de la jornada de trabajo, lo que hace que una jornada de ocho horas se convierta en una de doce horas. Cuando esté cansado debido a estas horas de más, será más fácil presionarle para hacerle tomar una decisión.

Para combatir esta táctica, negocie el orden del día con la otra parte desde el comienzo de los debates y respételo.

EL REGATEO

Este método, muy hábil, es utilizado normalmente hacia el final de la negociación. Sirve para obtener algunas ventajas más y es sobre todo empleado por las empresas que compran los productos en grandes cantidades.

Se manifiesta frecuentemente en forma de comentario realizado con un tono desprendido, más o menos así: «A propósito contamos con un plazo de pago de 90 días o de un descuento del 10 %, ¿verdad?».

Los vendedores, en esta fase del proceso son especialmente vulnerables, la mayor parte sucumbe a esta petición, bajo la presión del miedo a perder el contrato. Se trata de una táctica que no sale muy bien en numerosas circunstancias.

Si cede a la petición, exija una concesión compensatoria. Por ejemplo, si se trata de un gran contrato pida el pago contrarreembolso en lugar de un plazo de liquidación.

Intente, no obstante, mantenerse firme; incluso si es necesario reiniciar la negociación desde el principio.

Recuerde que la táctica consiste en obtener ventajas financieras, y si cede, rápidamente percibirá que la cifra ofrecida es muy inferior a su proposición inicial.

La autoridad superior

Esta estrategia consiste en sonsacar todas las informaciones después de presionarle para intentar ganar tiempo. No se enfrentará a esta táctica en el momento de la negociación del orden del día, sino más bien a la hora de tomar una decisión.

Es una táctica muy eficaz, porque la otra parte querrá convencerle de que acepte una proposición que resulta menos interesante, diciéndole que cualquier oferta más favorable deberá ser aprobada por una autoridad superior que no está presente. Numerosos contratos poco ventajosos se cierran de esta manera.

Será capaz de luchar contra cualquier negociador que utilice este truco, examinando los diferentes niveles de autoridad de la otra parte durante la preparación del orden del día.

El silencio

El silencio es una táctica utilizada por los negociadores más hábiles. Si se da cuenta de que usted ya utiliza el 50 % de la conversación, desconfíe: la otra parte explota su lado hablador para ver hasta dónde puede llegar con usted.

Si plantea una pregunta y no obtiene ninguna respuesta, no se precipite respondiendo por ellos.

Su carácter expansivo, en este caso, acabará por costarle su camisa y la de su patrón.

Evitar un silencio respondiéndose usted mismo a su pregunta, permitirá a la otra parte darse cuenta rápidamente de que usted es nuevo en el oficio.

Puede desactivar esta trampa practicando la escucha activa (enseguida hablaremos de esto).

Plantee una pregunta y espere. Si el interlocutor no responde, ya sabrá que utiliza la táctica del silencio.

ES NUESTRO CONTRATO

Esta táctica es especialmente utilizada por los representantes de las profesiones liberales o de la administración.

El hecho de que un documento lleve la palabra «acuerdo» o «contrato» no significa gran cosa.

Este método sirve para intimidarle, sugiriéndole que este contrato, dada su apariencia oficial, no es negociable. Leyendo el papel en cuestión descubrirá fácilmente que le perjudica.

Puede contraatacar esta táctica cambiando ciertos términos del documento y presentándolo modificado a la otra parte. Así sabrá si está realmente interesada.

EL BUENO Y EL MALO

Conoce perfectamente esta táctica, se puede observar en numerosas películas policíacas americanas.

La otra parte le pondrá delante dos negociadores. Uno será el «malo», el duro que se las hará ver de todos los colores, el otro el «amable» que parecerá estar dispuesto a querer ayudarle (incluso si no tiene el aspecto del buen samaritano).

Este método se utiliza en casi todas las negociaciones.

Este es el escenario: el amable de la otra parte comenzará por hacer una oferta, baja pero correcta, que rápidamente será rechazada por el malo.

El amable renovará su ofrecimiento diciendo: «Escuche será mejor que se decida antes de que tal o cual vuelva...». Esta táctica está destinada a hacerle tomar rápidamente una decisión.

Parecerá que el amable está siempre de su lado y se preocupa de sus intereses. Así, si alguien en una negociación, le dice: «confíe en mí», desconfíe.

La actitud más eficaz consiste en hablar simultáneamente al negociador que hace bueno y al malo y hacerles saber claramente que ya conoce esa artimaña.

Si tiene la impresión de ser víctima de una o varias de estas estrategias, de estos grandes de Hollywood, conserve la calma. Desbarate la astucia y retome la negociación.

No debe sentirse intimidado por el recurso a estas practicas hasta llegar a tener la impresión de que no puede luchar, que «ellos son más fuertes». Si se da el caso, es el momento de analizar su percepción del poder.

La creatividad

Una historia resume bastante bien, creo yo, cómo la percepción de las cosas, en la fase de la negociación propiamente dicha, puede afectar al resultado de las discusiones.

Un niño de corta edad entra en una peluquería para su primer corte de pelo.

El peluquero, dirigiéndose a él le dice:

«¿Cómo lo quiere?

»Como mi padre, responde el niño. Con una calva en el centro».

Este niño al responder así ha utilizado su experiencia personal.

Nunca se había cortado el pelo anteriormente y respondió con pertinencia y creatividad. (Supongo que si el peluquero le hubiera cortado el pelo de esta manera también hubiera podido ser calificado como creativo).

Para ser verdaderamente creativo un negociador deberá vencer dos grandes obstáculos. El primero, seguro, es la falta de creatividad tanto durante la preparación como durante la fase de negociación; lo que perjudicará seriamente sus posibilidades de éxito. (Veremos, por otra parte, todo esto detalladamente en el capítulo 9).

El segundo es la incapacidad para superar la manera en que la otra parte utiliza su poder. Tener bastante sangre fría para no reaccionar de una manera agresiva durante el proceso, aumentará las posibilidades de las dos partes de llegar a un acuerdo satisfactorio.

Interesémonos ahora por la percepción del poder, es decir por la manera en la que percibe el poder de la otra parte, sin preocuparnos de si es real o no.

La percepción del poder

La clave de nuestra supervivencia está en la actitud que adoptemos, antes incluso de que comencemos la preparación, en cuanto al concepto del poder. Para comprender la utilización del poder en una negociación, es necesario saber marcar bien la diferencia entre percepción y realidad.

Si comienza una negociación convencido de que la empresa o la persona que tiene delante es superior, no solamente saldrá perdiendo de las discusiones, sino también escaldado.

Una experiencia realizada por la armada japonesa durante la segunda guerra mundial, le dará una idea de cómo funciona esto.

Cuando las tropas japonesas habían invadido casi todo el sudeste asiático, el gobierno japonés decidió que Singapur sería su próximo objetivo. Los japoneses descubrieron, sin embargo, que casi cincuenta mil hombres defendían la ciudad. El enemigo era superior en número y había tenido tiempo de preparar sus líneas de defensa. Las tropas japonesas que atacaron Singapur sólo estaban compuestas por veinte mil hombres, pero lo más increíble es que fue la otra parte la que decidió rendirse al invasor.

¿Por qué?

Porque los japoneses, mediante rumores y propaganda radiofónica, habían difundido la impresión de que nada ni nadie podría detenerlos. Esta fue la más sorprendente capitulación de toda la historia del Imperio Británico.

La realidad era que los británicos, superiores en número hubieran podido defender Singapur. Sin embargo, habían percibido a los japoneses como mucho más numerosos de lo que eran en realidad.

«No juzgue el grano de pimienta por su pequeño tamaño.
Pruébelo, y notará si pica».
(Proverbio árabe)

El resultado del conflicto hubiera sido bien distinto si se hubieran tomado otras decisiones.

¿Qué fue lo que condujo a los dirigentes de esta época a comportarse de esta manera? Sencillamente su percepción de aquella situación y no la realidad.

Si hay alguna cosa que puede hacer fallar una negociación antes incluso de que comience, es estar convencido de que la otra parte es más fuerte, más inteligente y más fuerte, que sus productos son mejores que los suyos o cualquier otra cosa.

Esta fue la concepción errónea que en la Biblia hizo caer a Goliath ante David.

Como seguramente ya sabe, Goliath, uno de los filisteos que quería diezmar a los hebreos, era un gigante.

Tenía la costumbre de despreciar a los hebreos, insultarlos y retarlos a que algún valiente se enfrentase a él. David, un joven pastor, aceptó el desafío.

La gente miró al joven y se puso a reír. Saúl, el rey de los hebreos, intentó convencer a David de que iba a una muerte segura. Lo que libremente interpretado quería decir más o menos: «No puedes ir al territorio de los filisteos y batirte con él. Sólo eres casi un niño y él es un guerrero».

Para Saúl según su percepción de los hechos, David iba a ser masacrado. Este último, consciente de la realidad, sabía que su fuerza consistía en una honda y cinco piedras.

La continuación es parte de la historia, pero este relato es rico en enseñanzas para los negociadores. Dos hechos se desprenden en la historia de David que mata al gigante Goliath.

1. David se comporta con bravura. Aunque no tenía el poder de Goliath se comportó como si estuvieran en igualdad de condiciones. No pensó ni siquiera un momento que no pudiese salir vencedor, porque entonces hubiera sido vencido.

2. Goliath se comportó como si la batalla estuviera ganada de antemano. Tenía el poder pero se comportó como si estuviera despojado de él.

Consideró a David como un insignificante bromista, se quitó su casco y fue alcanzado. Todo ello porque pensaba: «Soy el mejor, voy a machacarlo».

La realidad le demostró lo contrario.

¿Cree que Goliath hubiera sido batido si hubiera considerado a David como un igual? Es poco probable.

«Dios mío, a menudo las apariencias engañan; no es obligado creerse siempre lo que se ve».
(Tartufo, Molière*)*

Piense en la última negociación en la que percibió el poder de la otra parte como muy superior a lo que era en realidad.

¿Cuál fue el resultado de la negociación?

¿Fracasó porque la percepción que usted tuvo del poder de la otra parte la hacía más grande de lo que era en realidad?

La respuesta es muy sencilla.

Enfoque cada nueva negociación con la idea de que las dos partes son iguales. Entonces estará realmente en condiciones de igualdad. Y podrá hacer como David delante de Goliath.

¿Quiere realizar un breve test sobre la manera en que nuestros hábitos transforman nuestra percepción de las cosas?

Haga esto: la próxima vez que se encuentre en un inmueble o en un hotel muy frecuentado, deténgase unos instantes cerca de los ascensores y observe la manera en que las personas aprietan el botón de llamada varias veces.

Esto no hace que el ascensor venga más rápido, pero tenemos la percepción de que es así.

Utilice las 3 P

Si en una negociación le asaltan las dudas, utilice la técnica de las 3 P: ¡Preguntas, preguntas, preguntas!

Busque en esta fase, persuadir a su adversario de que sus opciones son bastantes válidas para llegar a un acuerdo. En este punto del proceso, demasiados negociadores intentan convencer a la otra parte haciéndole proposiciones y esperando que responda favorablemente.

Esto, habitualmente no funciona y sólo sirve para una cosa, dar a la otra parte la ocasión de obtener más informaciones o reaccionar de una manera emocional ante nuestras ofertas.

Hay tres razones que hacen que se deba dar prioridad a las preguntas, y no a las propuestas en la fase de la negociación propiamente dicha.

1. Las preguntas permiten a la otra parte explicarle sus necesidades y sus deseos en relación al resultado de la negociación. Así será capaz de descubrir con más detalle el resultado que espera.

2. Una vez que la otra parte se haya decidido a hacerle partícipe de sus sentimientos y sus impresiones, comienza a aproximarse al resultado. Entonces pasa usted de la discusión a la búsqueda de un acuerdo.

3. Dispone de mejores posibilidades de persuadir a alguien con la ayuda de preguntas hábiles que haciendo ofertas dictadas por sus emociones.

Durante esta fase se proponen, cambian y se negocian las concesiones. Las preguntas le ayudarán a asegurarse de que el proceso va favorablemente e implicarán más activamente a la otra parte en el proceso. Llegados a este punto del proceso, el acuerdo no está demasiado lejos.

Sin embargo, esto requiere práctica. No crea que cualquier buena pregunta ya cerrará el negocio. Algunas preguntas animarán a la otra parte a tenerle confianza, otras la harán cerrarse en sí misma. Es, por tanto, esencial que sepa plantear las preguntas acertadas en el momento adecuado.

Vamos a examinar los tres tipos de preguntas más corrientemente utilizadas en las negociaciones:

　abiertas;

　cerradas;

　reflexivas.

Las preguntas abiertas

Las preguntas abiertas son muy prácticas en una negociación para llevar a la otra parte a descubrirse. Son muy útiles cuando hay necesidad de realizar aclaraciones, obtener informaciones más amplias o una respuesta detallada.

Puede identificar este tipo de preguntas generalmente por la palabra por la que comienzan como por ejemplo: cómo, qué es lo que, cuándo, dónde, por qué.

Vamos a retomar nuestro ejemplo anterior, el de la casa vendida directamente por su propietario y vamos a ver qué preguntas abiertas podríamos plantear.

«¿Qué piensa de las posibilidades que hemos discutido?».

«¿Qué piensa de la financiación?».

«¿Cuándo piensa ir a realizar los trámites bancarios?».

«¿Dónde desea que tengamos nuestra última reunión?».

«¿Quién podría hacerle una oferta tan ventajosa como la nuestra?».

«¿Por qué dice que mi propuesta es ridícula?».

Recuerde, el objetivo de estas preguntas es obtener informaciones de la otra parte.

Se tiene necesidad de su parecer, de sus sentimientos y de sus reacciones a la oferta que se le ha hecho hasta entonces.

Hágala hablar gracias a sus preguntas.

Las preguntas cerradas

Este tipo de preguntas sólo le aportará de la otra parte respuestas en forma de «sí» o «no».

Sólo deberá utilizarlas cuando no necesite obtener informaciones, cifras o indicaciones sobre sus impresiones.

Están destinadas a obtener respuestas rápidas y válidas para verificar diferentes puntos en las primeras etapas del proceso. Estos son algunos ejemplos:

«¿Ha leído mi propuesta?».

«¿Piensa finalizar hoy?».

Las preguntas cerradas se deben utilizar sólo cuando no se tiene necesidad más que de pocas informaciones y se quiere hacer avanzar el proceso.

Las preguntas reflexivas

Estas preguntas, en efecto, consisten en una forma de situar a la otra parte frente a un espejo. Están concebidas para reaccionar a su respuesta con otra pregunta.

Son muy prácticas en el sentido en que usted repite su respuesta pero con palabras propias, para confirmar o clarificar su comprensión de la respuesta.

«¿Piensa que la oferta es demasiado baja?».

«¿La fecha de transmisión de la propiedad no le conviene? ¿Es eso lo que quiere decir?».

«¿Puesto que la oferta es demasiado baja. Cuánto?».

Las preguntas reflexivas son especialmente eficaces cuando se desea seguir la negociación, pero sin irritar a la otra parte.

Las técnicas de escucha activa son muy eficaces. Las utilizan los psicoanalistas para animar a sus pacientes a hablar. Estas técnicas se enseñan a las enfermeras, a los trabajadores sociales y a algunos cuerpos policiales. También se practican en algunos cursos destinados a los padres y a los profesores. Aprenda a utilizarlas, y se sentirá mucho más cómodo en cualquier tipo de negociación.

En esta fase, se debe ser uno mismo. Plantee las preguntas que correspondan a su personalidad; así logrará sus objetivos. Aprenda la técnica, pero no se aprenda de memoria las preguntas. Está en la vida real no en el trámite de pasar un examen.

La fase de negociación es un momento peligroso durante el cual se arriesga a perder su sangre fría, porque la otra parte hace subir la presión y usted podría caer en la trampa al contestar encolerizado. Puede pues mejorar enormemente las posibilidades de su equipo sirviéndose de los pequeños trucos ofrecidos en este capítulo.

Si ha preparado bien su dossier y cumplimentado correctamente su *planning*, tendrá más posibilidades de ver cómo la parte contraria cambia su «no» por un «sí».

En resumen

1. Sea creativo.

2. Vea la diferencia entre la percepción del poder y el poder real.

3. Esté preparado para desbaratar los métodos poco honestos (los grandes clásicos de Hollywood). Y no los utilice en su favor.

4. La única «táctica» a la que puede recurrir es la de dejar la sala de reuniones.

5. Siempre es preferible, en la fase de negociación propiamente dicha, plantear preguntas antes que hacer propuestas.

CAPÍTULO 7

La fase de acuerdo

La travesía ha sido larga y cansada, pero ya estamos a punto de plegar velas y descansar. Puede estar orgulloso de sí mismo. Ha sabido afrontar las aguas peligrosas de la negociación, distinguir el verdadero poder, estar pendiente de las grandes clásicas de Hollywood y utilizar hábilmente las preguntas abiertas para obligar a la otra parte a desvelar sus intenciones. Después de haber defendido su causa con destreza y eficacia, finalmente ha llegado sano y salvo a la fase de acuerdo. Sin ninguna duda es una de las más importantes de la negociación, porque ahora va a tener que tomar decisiones capitales y examinar detalladamente el acuerdo que se cierre.

Los puntos más críticos en esta fase de negociación suelen ser los siguientes:

— quién tomará la decisión final;
— dónde será firmado el acuerdo final;
— cuál será la fecha del acuerdo.

Algunas cláusulas específicas se deciden en esta fase, por ello es esencial mantener una escucha activa para llegar a la toma de decisión, y más exactamente, para responder a las objeciones que se pondrán. Lo último que desea ahora que está a punto de llegar a buen puerto es estropear el trabajo por falta de atención.

Debe mantenerse bien atento, no solamente en lo que concierne a la fecha y el lugar donde se firmará el acuerdo, sino también en cuanto al nivel de la aceptación de riesgos.

Teniendo en cuenta la cantidad de detalles que deberá mantener en la memoria en este momento, comprenderá la utilidad de adoptar el papel del contable. Cada detalle debe ser estudiado con todo cuidado. Cada punto débil del proyecto de contrato deberá ser indicado antes de que el acuerdo sea firmado. Será demasiado tarde, cuando el acuerdo esté cerrado, para darse cuenta de algo y decir: «¡Atención! Hay un pequeño problema».

También el entorno puede tener, en esta fase, una influencia sutil (y a veces consecuente), sobre el resultado de la negociación. No subestime la importancia del lugar donde se firmará finalmente el acuerdo.

El lugar

¿Cuál es el sitio más indicado para concluir un acuerdo?

¿Debe estamparse la firma en terreno propio o en un lugar neutral? Sólo se puede responder a esta pregunta tomando en consideración todos los elementos disponibles en ese momento. Por ejemplo, si ha optado por un procedimiento de estilo rápido, la mayor parte de las discusiones se desarrollaran en su terreno. Sin embargo, si reflexionando sobre el recorrido realizado descubre que la mayor parte de las reuniones en las que ha estado implicado se han realizado en el campo de la parte contraria, le aconsejo que revise la manera en que concibe los diferentes tipos de negociación.

Probablemente no tiene una visión clara de lo que espera de cada tipo de negociación. ¿Se trata de relaciones comerciales continuadas? ¿Es esencial, para usted, la buena voluntad?, etc. También es posible que considere cada negociación como una batalla de poder.

Si esta negociación tiene como objetivo construir relaciones profesionales positivas, gracias a su actitud cooperativa, es perfectamente normal que el acuerdo sea firmado en su terreno, dado que usted no tiene la impresión de que eso constituya una trampa.

Un ejemplo: La otra parte ha tenido mucha dificultad para preparar una reunión con las diversas personas autorizadas a tomar decisiones y le ha pedido que venga a discutir a su despacho. No hay nada extraño en ello, a condición de que el razonamiento no le parezca dudoso.

Si, por cualquier razón o gracias a la intuición, eso le incomoda, pida que la reunión se realice en terreno neutral. A fin de mantener el lado positivo de la negociación, deberá justificar su elección por razones válidas y pacíficas. Demuestre tacto y no tendrá ningún problema.

«¿Qué piensa de las grabadoras?» me preguntan con frecuencia.

Seré muy prudente al responder. Cada vez que veo a personas que utilizan grabadoras, constato que en la discusión se establece una falta de confianza.

Podría ponerse en el lado de las soluciones creativas, por el temor de la parte contraria a saber que todas sus propuestas quedan registradas. Si no está seguro de que eso no influirá en la negociación, absténgase. Pasemos ahora a ciertos aspectos particulares concernientes al lugar de la firma del acuerdo.

¿Debe ser protocolario el ambiente?

Elija primeramente el lugar (los despachos de los otros, los suyos propios o terreno neutral), después decida la forma de proceder.

El número de participantes de las dos partes le ayudará. Si se trata de una negociación en equipo, asegúrese de conocer el número de personas implicadas. Si se trata de una negociación cara a cara, podrá elegir tanto una sala de reunión, como una mesa tranquila en un restaurante.

El carácter protocolario o no de una negociación depende de algo más que de bellos acabados, imponentes mesas de conferencias o de la suave luz de un restaurante.

Será necesario, sin embargo, prestar atención a los «mensajes» lanzados por la otra parte mediante diversos detalles: medidas de la sala, disponibilidad o ausencia de pizarras, etc.

Estos son algunos mensajes trasmitidos por el lugar que haya elegido.

Sala grande, equipo reducido

Manténgase en guardia. Se trata de una negociación protocolaria. Tiene poco margen de maniobra.

Sala de tamaño medio

Estamos contentos de tenerle entre nosotros.

Pizarra/hojas de papel/retropoyector

Estamos dispuestos a escuchar sus propuestas y a trabajar con usted.

Sala pequeña, equipo reducido

Queremos hallar una solución y no crear disensiones.

A propósito de la disposición de los asientos

Habiendo decidido el lugar donde tendrá lugar la presentación, deberá examinar con la sangre fría del contable, el asunto de la disposición de los asientos.

Realmente no es un secreto para usted, que la disposición también puede formar parte del proceso de intimidación.

He realizado la prueba, seminario tras seminario, gracias a la sencilla experiencia que sigue.

He permitido a un equipo de negociadores sentarse en confortables sillones y poder apoyarse sobre la mesa, mientras que el otro equipo, en el otro lado de la mesa, estaba instalado en asientos bajos, duros y separados de la mesa.

¿Búsqueda deliberada de la confrontación?

Sí.

¿Resultado?

Exactamente el que usted se está imaginando. El equipo sentado en los asientos bajos, separado de la mesa, se ha sentido intimidado y de hecho ha sido perjudicado desde el comienzo.

Si se aspira a tener discusiones constructivas (lo que desean, creo yo, todos los negociadores sensatos), se impone utilizar una mesa redonda. Así mantendrá el contacto visual con todos los interlocutores y favorecerá la discusión cuando lleguen a la fase de acuerdo.

¿Qué hacer si el equipo lo forman un gran número de negociadores? Puede igualmente sentarlos alrededor de una mesa redonda, pero en este caso los observadores y todos los demás participantes deberán tomar asiento lejos del centro de los interlocutores.

Cualesquiera que sean las contingencias prácticas a las que se vea enfrentado, esfuércese en vigilar que la disposición de los asientos le ofrece la mayor posibilidad de llegar a una verdadera comunicación.

Pasemos ahora a los despreciables trucos (lo sé, el mundo de la negociación está lleno).

Ya hemos visto examinando las otras fases de la negociación, que algunas personas están dispuestas a utilizar variadas astucias para hacerle perder su calma. La elección y el emplazamiento de los asientos forman parte del juego.

Cuando usted entre en la sala, visualice rápidamente la disposición de los espacios y pregúntese si es la que le conviene. Si se siente incómodo, no comience las discusiones antes de que la disposición haya sido modificada.

En caso contrario usted se puede encontrar más preocupado por el confort que por la negociación en sí misma.

Aunque no hay reglas bien definidas sobre lo que está bien y lo que está mal en cuanto a la disposición de los asientos, comprenderá enseguida que algunas disposiciones van paralelas con una colocación positiva y a la inversa.

A continuación tiene dos casos particulares semejantes a los que podría encontrarse y la forma de solucionarlos.

1. La presentación se desarrolla cara a cara, pero la persona de la otra parte está sentada detrás de una inmensa mesa, en un gran sillón.

Eso crea un aura de poder para su campo. Incluso si usted aborda la negociación con un espíritu cooperativo, el mensaje así trasmitido será el siguiente: «Soy el jefe, soy yo quien toma las decisiones».

¿Qué hacer en este caso?

Intente, por ejemplo, desplazar su silla hacia la derecha o hacia la izquierda de la mesa a la hora de hacer su presentación. A fin de evitar toda tensión con este cambio, diga sencillamente: «Tengo algunas cosas que enseñarle, ¿le molesta que me siente a su lado?».

Si la respuesta es: «En absoluto, se lo ruego», tiene delante una persona dispuesta a cooperar. Por el contrario si la respuesta es: «Veo muy bien desde aquí, no se desplace», puede sacar su chaleco antibalas, la discusión será larga.

2. Sólo hay dos sillas en la sala, muy próximas entre sí.

El sobreentendido es claro: controlo su actuación.

¿Qué hacer?

Separe su silla para realizar su presentación, a fin de sentirse más cómodo.

Observe también que ser diestro o zurdo tendrá influencia sobre el emplazamiento que usted elija.

¿En qué pueden ayudarle las técnicas de escucha activa?

Estas técnicas juegan un papel importante en el hecho de que se llegue o no a un acuerdo. Diversos estudios han mostrado sin embargo que la mayor parte de las personas son oyentes pasivos, lo que significa, por decirlo claramente, que no escuchan verdaderamente lo que se les dice.

Esta técnica, como el arte de la negociación —lo que es bueno saberlo—, se puede aprender y debe ser utilizada en cada ocasión en que se pueda poner en práctica.

En la mayor parte de las negociaciones, las personas sólo escuchan distraídamente porque están demasiado ocupadas en la preparación de sus propias respuestas.

El resultado, inevitablemente, es un clima poco propicio para la comunicación. Si forma parte de estas personas y busca frenéticamente una respuesta pertinente al último comentario que se acaba de hacer, se arriesga a no captar bien el sentido de todas las propuestas que se expondrán.

¿El resultado?

Exactamente lo que se temía. Sus nervios traicionarán sus palabras y estas no responderán verdaderamente al problema planteado. Si no está seguro de ser un oyente activo, haga la prueba en la próxima reunión interna. Compruebe que oye correctamente. Esta experiencia podrá revelarse positiva. Tener éxito en la fase de acuerdo implica para usted y para su equipo que:

— expondrá su mensaje con confianza;
— escuchará activamente;
— responderá de una manera apropiada.

Para convertirse en un oyente activo hay cuatro reglas que, si las aplica, le permitirán ser más eficaz en una negociación de cara a las diversas situaciones.

1. Preste atención a los otros.
2. No se deje distraer por lo que pasa a su alrededor.
3. Plantee preguntas abiertas.
4. Escuche la respuesta.

Preste atención a los otros

Esfuércese en escuchar lo que la parte contraria está diciendo.
Esto puede conseguirlo:

— manteniendo el contacto visual;
— escribiendo las preguntas a las que deberá responder y tachándolas cuando ya lo ha hecho (o subrayándolas si faltan por contestar);
— ladeándose hacia su interlocutor;
— tomando notas;
— mostrando con leves gestos, una sonrisa o un asentimiento con la cabeza, que está atento a lo que se le dice;
— dando la respuesta que se espera de usted.

> *Estar atento le da tiempo a reflexionar en las propuestas de la otra parte y reduce el riesgo de contestar excesivamente rápido.*

No se deje distraer por lo que pasa a su alrededor

Asegúrese de que la negociación se llevará a cabo en un entorno en el que las perturbaciones de orden visual serán las mínimas.

Recientemente he llevado una negociación sobre un contrato de formación en una cafetería y puedo asegurar que fue un gran error. Como el establecimiento estaba lleno de gente, teníamos que interrumpir nuestro trabajo cada cinco minutos para decir buenos días a alguien, lo que no facilitaba precisamente un trabajo serio.

Debe tener en cuenta que:

— toda distracción visual le llevará a pasar de una escucha activa a otra pasiva;
— escuchar requiere que se concentre en las negociaciones y no en lo que le rodea;
— debe prever un cierto número de pausas que le permitan descansar, mantenerse atento y evitar que las distracciones no se conviertan en un problema.

De esta manera podrá evaluar también más cómodamente si hay alguna diferencia entre su punto de vista y el del otro.

En pocas palabras, evitar las distracciones permite concentrarse mejor y evaluar la situación.

PLANTEE PREGUNTAS ABIERTAS

Las preguntas son el arma más eficaz de que dispone durante la negociación, cuando se tiene necesidad de pedir aclaraciones.

Sus preguntas deberán ser lo más breves posible. Hablar para no decir nada, no solamente aburre sino que le impide obtener las informaciones que necesita.

Plantee, pues, preguntas, cortas y precisas.

Recuerde: en este punto, tiene necesidad de conocer los sentimientos, la opinión o las reacciones de la otra parte y no respuestas en forma de «sí» o «no».

ESCUCHE LA RESPUESTA

Asegúrese de haber comprendido la respuesta que se le ha dado y pida más precisiones si es necesario.

No deje que su oponente le responda a medias. Si necesita más detalles antes de su siguiente pregunta, insista.

No interrumpa a la otra parte o no tome la palabra antes de que haya acabado la respuesta. Eso puede parecerle evidente, pero he visto muchas negociaciones que se han transformado en batallas campales porque una de las partes ya no soportaba más las interrupciones continuas.

Dejando aparte el hecho de que es incorrecto interrumpir a alguien, no hacerlo le da la ventaja de poder responder completamente a sus propuestas. Deje, por tanto, tiempo a la otra parte para expresarse, incluso si resulta de una duración irritante.

Saber escuchar es la característica destacada de un buen negociador. La gran mayoría de las negociaciones fracasa a menudo, no a causa de los problemas debatidos, sino porque no hay una comunicación real entre las dos partes.

Esto es lo que comenta un experto especializado en este campo:

«Una escucha activa demuestra que se presta atención a lo que dice la otra parte, y esto tiene el efecto de animar a hablar más libremente en las reuniones».

Ha llegado la hora de concluir la negociación y por tanto de prepararse para ponerse de acuerdo en los detalles.

Se dará cuenta de que esto significa tomar decisiones, y en consecuencia riesgos. Por ejemplo, puede darse el caso de tratar con un proveedor con el que no ha trabajado nunca y decir sí a su ofrecimiento.

No puede evitar totalmente el riesgo; está presente en cada negociación. Nuestro héroe, Cristóbal Colón, tomó un gran riesgo, hace más de quinientos años, emprendiendo su viaje. Si se hubiera dado media vuelta después de veinte, veinticinco o incluso treinta días de viaje, porque el peligro era excesivo, nadie lo hubiera podido criticar, pero seguramente tampoco nadie se acordaría hoy de él.

Sin embargo puede reducir considerablemente estos riesgos utilizando su *planning* de negociación durante todo el proceso. Al tener diversas opciones a su disposición, podrá dejar libre sin temor su creatividad para la búsqueda de un acuerdo.

Sin duda, podrá salirse de lo marcado en su *planning*, pero antes de hacerlo debería preguntarse si realmente vale la pena. Después de un momento de reflexión, decidirá quizá que el riesgo es demasiado importante para cambiar y estará tentado de decir:

«De acuerdo, asumo el riesgo».

No obstante, antes de adentrarse en terrenos desconocidos, deténgase un instante y plantéese la siguiente pregunta:

¿Por qué tiene de repente la sensación de que las decisiones que figuran en el *planning* no son las más adecuadas?

Si este es el caso haga una pausa y analice su planteamiento. Sencillamente la otra parte está intentando algunas astucias para forzarle a decir «Sí».

Hay casos en los que es bien normal no seguir la estrategia prevista, esencialmente cuando llegan nuevas informaciones que modifican nuestras previsiones. Si se produce este caso, pida una interrupción de la sesión y ponga a punto una nueva estrategia. Le puede parecer duro hacerlo cuando está tan cerca del final, pero sea valiente. No precipite las cosas. Rehaga su *planning*.

Goethe dijo: «La audacia está hecha de genio, de poder y de magia».

En otras palabras, puede resultar útil asumir riesgos calculados, pero evite los que le hayan sido inspirados por las emociones y en el fragor de la acción.

Calcular los riesgos que puede asumir es muy sencillo si es consciente de la existencia del factor «proactivo/reactivo» (el factor P/R) en la fase de acuerdo. Este factor, presente en todos los participantes y en todos los estados de la negociación, lo está especialmente en este momento. Veamos las cosas desde un poco más cerca.

El factor P/R

Estrictamente desde el punto de vista del comportamiento, los negociadores mostramos diversos comportamientos durante el proceso de negociación. Sin embargo existen dos estilos dominantes: el estilo proactivo y el estilo reactivo.

REACTIVO		PROACTIVO

Durante todo el proceso de negociación y más especialmente en esta fase, una y otra parte se desplazarán a lo largo de este contínuum. (Debe estar habituado, a avanzar y a retroceder sobre estas líneas imaginarias. Cristóbal Colón estaría orgulloso de usted).

El comportamiento proactivo

Está representado en el negociador por los siguientes tipos de comportamiento:

— hace sugerencias y propone diversas soluciones;
— expresa su posición de una manera a veces un poco agresiva en medio de argumentos lógicos que afianzan diversos puntos de vista.

El comportamiento reactivo

Deberá esperar el siguiente comportamiento:

— plantea preguntas, muchas preguntas, de hecho;
— trata de una manera pasiva todos los puntos de disensión, más pendiente de los sentimientos del otro que del resultado de la negociación.

Es importante que conozca su estilo básico, porque tiene un impacto muy importante en su determinación para asumir riesgos en una negociación. Admítalo, asumir riesgos es parte integrante de la negociación si quiere llegar a un acuerdo. Sencillamente, asegúrese de que no ha aceptado un punto que no le satisfacía, sólo por el hecho de poder acabar la negociación.

Los diferentes estilos de asunción de riesgos

Si, debido a su experiencia, sabe que su estilo P/R está cercano al proactivo, entonces tiene tendencia a asumir grandes riesgos. Este negociador es generalmente una persona que expone los hechos con fuerza y es bastante impulsivo en sus actos. Tiene tendencia a ser audaz y decidido en su manera de abordar la conclusión del acuerdo.

Si su pasado como negociador muestra que se sitúa a sí mismo en el otro extremo del contínuum, lado reactivo, es de los que toman pocos riesgos. Este tipo de negociador plantea muchas cuestiones y revisa cada detalle. Necesita disponer de mucha información antes de tomar una decisión, aunque sea mínima, como, por ejemplo, el lugar a donde ir a comer.

No obstante, y cualquiera que sea su estilo, deberá situarse en esta línea. Saber qué posición ocupa en el contínuum P/R en cada momento de la fase de acuerdo, le ayudará en la asunción de riesgos.

Conocer su aptitud para asumir riesgos le permitirá compensar sus posibles debilidades. Por ejemplo, si tiene el hábito de arriesgarse mucho, oblíguese a revisar sus *planning* antes de responder «sí» con excesiva rapidez.

En cambio, si la asunción de riesgos le asusta y debe esforzarse en cada negociación, ataque el problema frontalmente.

Su *planning* es su mejor aliado.

Sígalo escrupulosamente y en la medida en que la otra parte le proponga un acuerdo que corresponde a sus diversas opciones, muéstrese dispuesto a decir «sí» y a aceptar sin temor esta elección.

Llegados a un acuerdo sobre un punto concreto podrá pensar, cosa que es bien normal, que sin duda podría haber obtenido unas condiciones más ventajosas.

No piense en lo que hubiera podido ser. Tome la decisión que había previsto. Tomar riesgos en la fase de acuerdo significa que las decisiones que había tomado en la fase de negociación estaban justificadas. Cada decisión, para usted y para la otra parte, tiene un precio. Será necesario, por tanto, prestar atención al valor relativo que la parte adversa atribuye a cada uno de los cuatro puntos clave.

Volvamos a ver el caso de nuestro propietario que sigue esperando para vendernos la casa.

Supongamos que usted concede un gran valor al hecho de comprar la casa al precio más bajo del mercado. Al no tener que hacer ninguna mudanza ha concedido a la fecha de entrada un valor más bajo.

En la fase de negociación propiamente dicha (gracias a preguntas hábiles) ha descubierto que la parte adversa concedía un gran valor a este dato, dado que tenía que salir hacia el otro extremo del país.

Sin buscarlo aquí tiene un dato más a su favor.

La importancia de los diferentes valores atribuidos a cada no de los puntos claves le permite, como negociador, hacer concesiones o proponer otras opciones a fin de llegar a un acuerdo satisfactorio para las dos partes.

De esta forma se comprende porqué no debe hacer concesiones desde el inicio del proceso, sobre cada uno de los puntos tratados. Cierto número de negociadores experimentados piensan que las concesiones (sin valor real para ellos) hechas desde el principio de las discusiones incitan a la otra parte a hacer lo mismo.

Sin embargo se plantea un problema: no podrá atribuir realmente valor a cada uno de los puntos clave antes de la fase de acuerdo, porque, no le quepa ninguna duda, el adversario protege cuidadosamente sus intereses. La mejor solución para usted consiste en ceder en un punto que tiene un gran valor para ellos, pero poco para usted. Así tendrá más posibilidades de conducir la negociación sin asumir mayores riesgos.

¿Qué pasaría si decidiese abandonar las decisiones previamente tomadas sobre el *planning* y asumir un riesgo en un punto de valor discutible?

Si es principiante, se echará encima una fuerte dosis de estrés.

Mejor absténgase.

No estaría satisfecho del resultado. Aplique su plan, como estaba previsto. Le puedo asegurar, gracias a mi amplia experiencia, que si trabaja dentro del marco de las opciones que ha elegido:

a) todos los riesgos que asuma habrán sido ampliamente reflexionados;

b) todas las decisiones serán buenas en la medida en que usted y la otra parte estén dispuestos a trabajar conjuntamente, lo que les conducirá a construir relaciones sólidas, basadas en la confianza mutua.

Eso puede asustar un poco al principio, pero en cuanto haya adquirido el hábito de asumir riesgos, descubrirá que aprende un poco más en cada negociación, y así enriquecerá su experiencia. Quizá le gustará saber que un reciente informe de la fundación Carnegie, en Estados Unidos, ha demostrado que uno de las principales muestras de buena salud mental en una persona era su capacidad y su voluntad para asumir riesgos. El mensaje parece claro: tome riesgos y se mantendrá sano de espíritu.

Asumir riesgos calculados le permite llegar a acuerdos de los que ni usted ni la otra parte se arrepentirán. Más importante todavía, esto pone las bases de futuros acuerdos mutuos.

Los acuerdos

A medida que el fin de la negociación se acerca, puede tener la sensación de darle vueltas al tema sin acabar de llegar a un acuerdo, sobre todo si no ha podido tomar todavía decisiones relativas a las objeciones o inquietudes de la otra parte.

Pongamos un ejemplo.

Imaginemos que usted es un contable que pertenece a una empresa de tamaño medio que está negociando con un nuevo cliente. La empresa ha propuesto una gama completa de servicios y la otra parte parece querer decir sí aunque muestra alguna reticencia.

La principal preocupación consiste en determinar los puntos que bloquean la negociación, impidiendo la firma del acuerdo.

Es obligado considerar las cosas a fin de responder a todas las objeciones planteadas por la otra parte.

A continuación, puede trabajar sobre cada uno de los puntos clave, a fin de que las dos partes estén, una vez que todas las objeciones hayan sido solucionadas, encantadas de decir «sí». Aquí su capacidad para escuchar será de una gran importancia. Demuestre a los otros que es capaz de comprender sus objeciones, sus punto de vista.

No obstante, si después de todo le espetan: «¡pero, esto no tiene sentido!», piense que emplean el «pero» como táctica para negociar, al final de la reunión, un acuerdo que les sea más favorable.

Sin embargo, si cree que se trata de una objeción real y no de una táctica, convendrá saber si se trata de una objeción mayor o menor.

Una objeción mayor es de las que bloquean toda posibilidad de llegar a un acuerdo.

Pongamos el caso de un despacho contable cuya oferta es de 6 millones de pesetas por prestar los servicios sobre los que su principal competidor ha pedido sólo 4,5 millones.

Eliminar una objeción de este tipo supone considerables esfuerzos antes de poder llegar a un acuerdo. Desconfíe de tratar este problema en el plano emocional, porque así nada se resolverá y usted habrá perdido la ocasión de conseguir un nuevo cliente.

Aquí el problema consiste en descubrir lo que ofrece el competidor.

Con frecuencia, se puede comprobar que las cosas no van tan mal como parece, porque sabiendo a qué atenerse respecto a lo que da la competencia, ya podrá justificar el montante de sus servicios.

A veces, también, se dará cuenta de que su competidor propone más o menos lo mismo que usted, excepto que se prepara para volver a comprar la empresa.

Si se produce esto, consulte su *planning*, compruebe el resultado más desfavorable relativo a los honorarios y prepárese para dejar la sala de reuniones.

Recuerde que a veces vale más decir «no» que meterse en un asunto que le haría perder el tiempo y costaría dinero a su empresa.

Reflexione cuidadosamente en esto antes de disminuir sus honorarios de una manera drástica. Si su estrategia consiste en acabar a cualquier precio, le deseo que pueda trabajar mucho tiempo de esta manera, pero yo lo dudo.

Una objeción menor se arregla rápidamente y sin complicaciones. Puede tratarse de un problema relativo a la presentación de las prestaciones o a la fecha de entrega, lo que no necesita grandes discusiones.

Sin tener en cuenta la importancia, mayor o menor, asegúrese de que no subsisten más problemas antes de dedicarse a cada uno de los grandes puntos.

Asegúrese del acuerdo de la otra parte sobre cada no de los puntos, a medida que vayan avanzando, a fin de no tener desagradables sorpresas en el momento del tradicional apretón de manos.

A algunas personas, especialmente entre los profesionales liberales, no les gusta la palabra «venta» y prefieren la palabra «negociación» pero, en este punto, para usted sólo cuenta el hecho de que la parte contraria acepte su ofrecimiento.

¿Tengo razón o no?

¡Seguro! Entonces ¿por qué en el 90 % de los casos, los vendedores o los negociadores no concluyen el negocio o el contrato?

La razón es muy sencilla: por el miedo.

El miedo a que la otra parte diga: «no» y uno se siente rechazado. Por ello es muy importante que recuerde que el rechazo es sobre la oferta presentada, no de usted.

En este punto de la negociación, usted ha conseguido el derecho a pedir la conclusión del contrato, y más todavía, si dicen que no, a saber por qué. Pruebe. Pregunte, insista para saber y quizá se sorprenda por los resultados.

Volvamos a nuestro contable encargado de proponer los servicios de su despacho a un cliente potencial.

En su opinión ¿de qué manera debe pedir la conclusión del contrato? Para lograr su objetivo, tendrá que utilizar palabras y frases que estén de acuerdo con su personalidad, igual que usted. Póngase en su sitio y pruebe algunas frases propuestas a continuación para ver las que se ajustan a su estilo.

«Suponemos que podemos modificar nuestro *planning* para que su auditor comience en dos semanas, ¿está dispuesto a dar su autorización?».

«Si el pago a 30 días no le supone ningún problema, ¿está dispuesto a firmar hoy mismo?».

«Hemos regulado la cuestión de los honorarios. Pasemos a los detalles menores dado que tengo toda la autoridad para concluir el acuerdo ahora mismo».

Exija una respuesta y formará parte del 10 % de los negociadores que se construyen así un camino hacia el éxito.

Cuando le haya pedido al cliente que le dé su respuesta, esfuércese en guardar silencio. Eso da a la otra parte posibilidades de reflexionar sobre la pregunta pero también de decir «sí».

A veces es demasiado fácil hacer fracasar una negociación.

Un gran número de negociadores tienen tanto miedo al silencio que prefieren taparlo con el sonido de su propia voz.

Tanto si negocia solo como si lo hace en equipo, practique la táctica del silencio después de haber planteado su última pregunta. No quedará decepcionado de los resultados obtenidos.

La fase de acuerdo, cuando todos los problemas están controlados, no marca únicamente el fin de una negociación sino que constituye el preludio de futuras y numerosas discusiones con el nuevo colega.

Para trasmitir un mensaje claro a la otra parte, no dude en pronunciar algunas palabras, del estilo: «espero que tendré el placer de trabajar mucho tiempo con usted».

Su objetivo consiste, durante las conversaciones, en ver a la otra parte salir de la sala de reunión, contenta, no sólo del acuerdo firmado, sino también de la manera en que la negociación se ha desarrollado.

En resumen

1. Es la fase en la que se toman decisiones y establecen acuerdos concretos.

2. Los principales puntos a tener en cuenta, en esta fase de la negociación, son:

quién tomará la decisión final;

dónde se firmará el acuerdo;

Cuál será la fecha del acuerdo.

3. Practique la escucha activa: es la señal de una verdadera comunicación. La mayor parte de las negociaciones fracasan no a causa de las cuestiones a considerar sino por una falta real de comunicación entre las partes.

4. Sepa determinar su estilo, reactivo o proactivo, y tenga conciencia de la influencia que tiene sobre su asunción de riesgos. Tomar riesgos calculados permite llegar a acuerdos de los que ni una ni otra parte se arrepentirán. Más importante, eso sienta las bases de futuros acuerdos.

CAPÍTULO 8

Las negociaciones en equipo

«Comprender nuestras diferencias
es la clave del éxito de los equipos victoriosos».
DOUG MALOUF

Si ya ha participado en negociaciones en equipo, ya sabe realmente que pueden suponer dificultades. Uno desea avanzar tranquilamente, comprobando y participando en cada etapa, mientras que otro insiste en que se responda rápidamente a una curiosa pregunta planteada por la parte contraria. O bien hay dos representantes que proceden de dos departamentos de la empresa que se miran de mala gana, preguntándose quién deberá hacer primero las concesiones.

Es cierto, trabajar en equipo es con frecuencia una fuente de problemas, pero muchas personas olvidan mencionar las ventajas extraordinarias que se pueden obtener.

Le aseguro que son muchas y reales.

Pregunte a un jugador de fútbol. O a un apasionado del bridge. Obtendría una respuesta similar si pudiera remontarse en el tiempo y preguntara a los discípulos de Jesucristo.

Pregunte a las personas implicadas en la persecución de los delincuentes. Le darán las mismas respuestas.

Los equipos bien organizados, que trabajan con una colaboración sincera, pueden hacer mucho más por el éxito de una negociación que una persona sola.

Cuanto más pienso en las ventajas de la negociación en equipo más convencido estoy de que este capítulo es esencial en esta obra.

El mundo de los negocios se endurece sin cesar, los negociadores deberán ser capaces de trabajar eficazmente, no solamente solos sino también en equipo.

Es fácil, comparando el trabajo de algunos equipos con algunos desastres ocasionados por negociadores en solitario, comprender por qué aquellos funcionan mejor.

Es muy sencillo.

Los equipos que ganan están muy preparados, no únicamente en términos de trabajo de preparación, de estudio de los diferentes escenarios y de los demás trabajos de los que ya hemos tratado, sino bien preparados como equipo. Nadie, en ningún equipo debe actuar solo; es necesario actuar en conjunto, en el sentido literal del término «equipo».

A fin de asegurarse de que cada uno de los miembros está bien avenido con los demás y no sigue sus propios derroteros, conviene que el jefe del equipo sepa reconocer las diferencias existentes entre los individuos. Identificar estas divergencias le ayudará a sacar provecho para formar equipos triunfadores.

Vamos ahora a examinar diversos aspectos de la formación de un equipo:

— la importancia de la noción de equipo en el proceso de negociación;
— la dinámica de la preparación de un equipo;
— los problemas que pueden surgir en una negociación en equipo y los remedios a aportar;
— el comportamiento del equipo durante el proceso de negociación.

¿Por qué estoy tan seguro de que los equipos de negociadores tienen más éxitos que los negociadores individuales? Sencillamente porque sé que la mayor parte de las personas desean participar en un trabajo concreto. Aprecian que su contribución, como miembro del equipo, sea reconocida en su justa medida, y ocurre lo mismo con el proceso de negociación.

Antes de que usted levante la mano y diga: «¿Pero en lo que respecta a...?» déjeme decirle que hay un tipo de negociación en la que una persona funciona mejor que un equipo: el cara a cara. Hablo, evidentemente, en términos generales.

La negociación en equipo llegará a ser, con el tiempo, el medio más eficaz de llegar a soluciones aceptables para las dos partes.

A comienzo de los años noventa, cuando Israel y los países árabes se reunieron para negociar el tratado de paz, el trabajo de negociación en equipo fue incontestablemente positivo. Después de algunos intercambios difíciles y de un cambio de gobierno, los equipos presentes pudieron, por fin, constatar los primeros progresos.

No es difícil encontrar otros ejemplos en los periódicos o en las revistas. En cada negociación importante entre sindicatos y patronal, por ejemplo, se ven dos equipos de trabajo, presentando su respectivo dossier y acompañados por una multitud de «expertos» de las dos partes.

Hace algunos años, organizaba cursos de supervivencia y, cada vez el grupo comprendía más rápidamente que era preferible cooperar antes que contar solamente con sus propios recursos, mucho más limitados. Siempre había participantes de tipo «individualista» (parientes próximos de los negociadores del mismo tipo), que pretendían resolver por sí solos todas las dificultades, lo que resultaba imposible, incluso si en la salida parecían relativamente sencillos de superar. No querían en absoluto oír hablar de discusión o de trabajo en equipo; ellos no tenían necesidad de ayuda.

Nunca llegaban a resolver los problemas dado que todo había sido preparado, con un cierto maquiavelismo, para que estos problemas no pudieran ser resueltos más que mediante un trabajo en común.

Esto es lo que pensaban:

— que tenían suficiente valor y conocimientos para desenvolverse solos;
— que el trabajo en común ralentizaba las cosas;

por ello estaban condenados a perder.

Es evidente que un equipo campeón hará más cosas que un equipo compuesto por diferentes campeones intentando ganar, pero cada uno por su cuenta.

Aprendieron mucho viendo a los demás enfrentarse conjuntamente a una dificultad para superarla. Las personas, a menudo, no creen verdaderamente lo que se les dice más que cuando se enfrentan a los hechos consumados. La lección aprendida entonces no se olvida nunca.

Cuanto más participe en negociaciones en equipo, más se convencerá de que eso permite economizar tiempo y energía a condición de elegir a las personas adecuadas.

Los grandes equipos de negociadores también lo han aprendido con el tiempo y llegan así más rápido a una conclusión favorable.

Estas cursos de supervivencia me han sido también muy provechosos. He visto, aunque en un marco muy diferente al de la negociación, que se aplicaban exactamente los mismos principios enfocados a la cuestión problema/solución.

También he aprendido alguna cosa todavía más importante.

He aprendido que, para acceder al éxito, se debía considerar en

primer lugar a las personas que componen el equipo antes que ocuparse de la negociación.

Comprender a las personas

Intentar comprender por qué las personas hacen lo que hacen y reaccionan de forma diferente ante un reto siempre ha fascinado a los hombres.

Grandes escritores o pensadores, como Hipócrates, Carl Gustav, Jung, Sigmund Freud y muchos otros nos han dado valiosos indicios sobre lo que hace reaccionar a los seres de una cierta manera. Hipócra-

tes fue el primero en intentar explicar por qué era importante comprender las diferencias existentes entre las personas. Sus ideas, basadas en conceptos psicológicos, nos muestran cómo determinar los diferentes estilos del comportamiento.

¿Qué es lo que implica esto para formar nuestro equipo?

Exactamente esto:

Valore sus diferentes maneras de comunicar, aprenda a utilizar sus fuerzas, y contribuirá en gran medida al éxito del equipo.

Para formar un buen equipo, debe elegir personas que se complementen.

Para usted como jefe de equipo, los beneficios de este trabajo de estudio serán inmensos. Cuando sepa cómo van a actuar o reaccionar las personas, estará en una posición de fuerza para componer un equipo que alcance la máxima eficacia a lo largo del proceso de negociación.

Las negociaciones realizadas en equipo tienen más posibilidades de éxito cuando el equipo está compuesto por personas que tienen estilos diferentes (la mayor parte de las veces, los equipos están compuestos por personas que se parecen entre sí y se parecen de hecho a la persona encargada de constituir el equipo).

Los estilos de comportamiento

A medida que irá avanzando en este capítulo, constatará que utilizo cuatro términos para describir los diferentes comportamientos; términos utilizados por la sociología:

1. Dominante.
2. Influyente.
3. Comedido.
4. Complaciente.

Como todos los calificativos presentan ciertos inconvenientes en el sentido de que se puede estar tentado de calificar a una persona como «dominante» o como «complaciente» según las apariencias.

No obstante, si examina con cuidado a las diferentes personas de su equipo, descubrirá que cada una de ellas, más allá de su estilo propio presenta estas cuatro características, aunque con diferentes grados.

Las señales distintivas de cada uno de estos estilo son los siguientes:

Dominante	Comedido
le gustan los problemas y los desafíos, quiere resultados rápidos, es directo o brusco en sus planteamientos.	sabe escuchar. Es calmado y serio, y plantea numerosas cuestiones.
	Complaciente
Influyente	le gusta seguir las normas y los procesos. Es de espíritu vivo y analítico. Plantea cuestiones pertinentes.
posee la capacidad para influir en los otros. Es muy persuasivo.	

Como responsable del equipo, ¿en qué medida influirá, ahora, en sus decisiones su conocimiento de los diferentes estilos? En la medida en que cada individuo se atenga a un solo estilo de comportamiento, necesitará decidir:

— cómo influirá este estilo en el resto del equipo;
— cómo influirá sobre la otra parte, sentada en el otro lado de la mesa de negociaciones.

Conocer el estilo de cada uno de los miembros de su equipo le permitirá, siempre para lograr una mayor eficacia, establecer una comparación con su propio comportamiento.

Retírese un poco e intente imaginar una manera de trabajar conjuntamente, complementándose mutuamente, para obtener un mejor provecho. Conózcase, conozca a su equipo, evalúe y utilice las cualidades de cada uno de sus miembros y le sorprenderá su porcentaje de éxito en las negociaciones.

El estilo dominante

Reconocerá al señor o la señora Dominación por su deseo de ponerse rápidamente manos a la obra. La noción de trabajo es, para ellos, muy importante. Quieren saber lo que tendrán que hacer y quieren saberlo inmediatamente.

Los negociadores de estilo dominante tienen tendencia a manifestar muy rápidamente los resultados que desean obtener. Están impacientes por comenzar y desean generalmente iniciar la negociación antes de que la estrategia del equipo esté decidida. Su actitud podría resumirse así: «Sé que usted es el responsable y quien ha escogido el equipo; eso es todo lo que deseo saber de los demás. Ahora pongámonos a trabajar».

Están interesados por los resultados concretos.
Están impacientes, dispuestos a comenzar.
La noción de tiempo es importante para ellos.
Están dispuestos a encontrar soluciones a los diferentes problemas.

El estilo influyente

Generalmente este tipo de negociador querrá conocer a los demás miembros del equipo, pero más vale saberlo pronto, según sus propias condiciones. Le gusta hacer saber que está presente y de dónde viene. Tiene un comportamiento bastante extrovertido.

Su negociador «influyente» será perfecto para romper el hielo en la primera etapa de constitución del equipo.

El señor o la señora Influencia son con frecuencia bastante populares en la empresa, y descubrirá que disponen de muy buenos contactos cuando la comunicación no puede hacerse por vía oficial. No son muy puntillosos en cuanto a los detalles pero su fuerza de persuasión compensa ampliamente esta debilidad.

LAS CARACTERÍSTICAS DE SU EQUIPO

Tienen sentido del humor.
Saben motivar a los otros en caso de dificultad.
Manejan los conflictos de una manera creativa.
Son perfectos para las presentaciones.

El estilo comedido

Se podría decir que estas personas son las «bestias de carga» del equipo. Los comedidos están dispuestos a pasar horas comprobando que se dispone de todas las informaciones necesarias y que son fáciles de utilizar. Son los últimos en intervenir en el equipo. Su capacidad de escucha es importante, porque desean estar implicados con los demás miembros del equipo. Como observadores, serán más útiles, por ejemplo, que una persona de estilo influyente. El señor o la señora Comedido estarán deseosos de escuchar lo que se dice en silencio, mientras que un influyente no podrá abstenerse de pedir la palabra.

LAS CARACTERÍSTICAS DE SU EQUIPO

Saben escuchar perfectamente.
Son compañeros leales.
Son excelentes para la búsqueda de informaciones.
Están entregados al responsable y a los demás miembros del equipo.

El estilo complaciente

Estas personas no aprecian verdaderamente formar parte de un equipo. Estamos en presencia de alguien que piensa que el resto del equipo no tiene su valía. Reconocerá al señor o la señora Complaciente por su comportamiento muy analítico y por la precisión de sus actos así como por la preparación sistemática de todas las informaciones que ha de facilitar.

Si para la preparación de su trabajo es esencial la precisión extrema, este negociador no dejará pasar ningún detalle. Esto, no obstante, presenta un inconveniente. Usted deberá proporcionarle parámetros de investigación bien precisos, bajo pena de encontrarse ahogado bajo la avalancha de informaciones.

Este tipo de personas no participan realmente en el trabajo de grupo a menos que crean que pueden mezclarse con el grupo, actuar en él sin riesgos. A veces irritan al resto del grupo con sus criterios tan estrictos, pero eso es una ventaja si se saben utilizar inteligentemente sus capacidades.

LAS CARACTERÍSTICAS DE SU EQUIPO

Se fijan objetivos muy altos.
Son escrupulosos y tranquilos.
Trabajan sobre puntos concretos.
Saben analizar todas las tareas.

Ahora usted ya habrá comprendido qué es necesario para elegir correctamente a los miembros de su equipo, conocerlos antes y conocerse también usted mismo.

Si se enfrenta a una negociación que trata de cuestiones técnicas, manténgase alerta. Estará tentado de elegir sólo analistas o técnicos, pero eso sería un grave error. Estas personas serán perfectas para la fase de preparación o de acuerdo, ¿pero que ocurrirá con ellos durante el resto del proceso?

Brevemente, estudie la negociación que se le presenta, decida las personas que necesitará y utilice sus diferentes características para construir un equipo sólido.

Las cinco necesidades para construir un buen equipo

1. Conocer a las personas.
2. Definir las expectativas.
3. Describir un escenario digno de un gran film.
4. Recompensar los esfuerzos realizados.
5. Controlar los conflictos.

Conocer a las personas

Es esencial, para el éxito de la negociación, que elija a los miembros de su equipo en función de las posibilidades que se le ofrecen. Cuando haya acabado esta tarea, dedique un poco de su tiempo a conocerse mutuamente.

Determine y comprenda las motivaciones. Recuerde que el dinero no es siempre la primera de las motivaciones, hay otras.

Definir las expectativas

Antes incluso de que su equipo se constituya, discuta con cada una de las personas y explíqueles lo que espera de ellas durante la negociación. Déjelas darle su opinión sobre el tema. Numerosos equipos fracasan porque las expectativas de las personas no están claramente definidas en el momento de la formación del equipo.

Muéstrese dispuesto a discutir los objetivos de la negociación, tanto para la empresa como para usted mismo.

Describir un escenario digno de un gran film

La siguiente etapa consiste en explicar a los miembros del equipo cómo van a desarrollarse las cosas. Dígales que su participación es una parte importante de la negociación. Es también el momento de informarles de lo que supone su participación: reuniones diversas, imposibilidad de desarrollar sus obligaciones profesionales habituales, desplazamientos, etc.

Recompensar los esfuerzos realizados

«¿Y a mí qué me aporta?» es la pregunta que todos se plantean sin atreverse a formularla. Entonces realice una buena acción, tanto para su equipo como para usted, y responda. Informe a su equipo, lo más rápidamente posible, de la manera en que sus esfuerzos serán recompensados por la empresa. Deben ser necesariamente recompensados por el tiempo dedicado, su energía y su sacrificio en este negociación. Esta compensación puede presentarse en forma de dinero o de promoción, pero, de cualquier manera, los componentes del equipo deberán comprender que esta negociación no constituye únicamente un cambio en su rutina sino una posibilidad real de contribuir a la prosperidad de su empresa.

Controlar los conflictos

La composición de un equipo es siempre delicada. Esté atento a los diversos conflictos internos que podrían desencadenarse desde el principio de las discusiones. Es preferible, a veces, dejar un poco indefinido el objeto de las negociaciones, antes de la primera reunión del grupo. No muestre favoritismos, no sucumba al chantaje. Simplemente escoja a la persona que crea más conveniente para cada una de las fases del proceso.

La dinámica de equipo

Estas palabras explican perfectamente el proceso. Suponen que el equipo trabaja y reacciona rápidamente. Sea como sea, los componentes del grupo, después del primer encuentro, deberán atravesar cuatro fases antes de llegar a ser un verdadero equipo y no sólo un grupo de personas.

1. El descubrimiento: romper el hielo.
2. La competición.
3. La fase de aceptación.
4. Los resultados.

El descubrimiento

Si quiere contar con un equipo eficaz a largo término, haga que los diferentes componentes se conozcan a fin de poder trabajar correctamente de manera conjunta. Si usted quiere resultados y la palmada en la espalda que los acompaña, tendrá que admitir que esta etapa inicial es la más crucial.

No intente evitarla bajo el pretexto de que hay en el equipo «expertos que ayudarán a los nuevos». Detenerse en esta primera reunión tendrá consecuencias sobre la eficacia del equipo cuando todos estén en medio de una gran tensión.

Observe bien a los componentes de su equipo cuando entren en la sala. Sus diferentes comportamientos afirman ya la manera cómo abordan la situación. Si los ha escogido con cuidado en función de su estilo y de sus cualidades, podrá tener a la señorita Influencia hablar con la primera persona que encuentre. El señor Comedido buscará enseguida al responsable del equipo para decirle: «¿Qué espera de mí ¿Piensa realmente que este tipo de juego puede serle útil para su negociación? Esto verdaderamente no entra en mis costumbres...».

Sin embargo, cualquiera que sea el estilo que muestren, todos experimentan lo mismo. Tienen conciencia de sus cualidades como individuos pero ignoran sus capacidades como componentes de un equipo.

La primera reunión consistente en romper el hielo debe ser un momento de expansión, para sus compañeros de grupo y para usted, como responsable del mismo. No comience a fijar objetivos o a establecer un orden del día. La negociación, como tal, debe dejarse de lado por el momento, en beneficio, cuestión muy importante, de las relaciones humanas. Antes de acabar este primer encuentro, decida una segunda reunión, en un marco, un poco menos rigurosos que sus oficinas.

Su misión como responsable, en esta situación, consiste en permitir a los componentes del equipo que se conozcan en una atmósfera agradable antes de comenzar a trabajar. En este momento, usted estará en condiciones de indicarles el objetivo de la negociación y ver qué función puede atribuir a cada uno de ellos.

La competición

Es probable que los componentes del equipo tengan las impresión de que algunos son favorecidos. Las susceptibilidades se abren paso; los conflictos, el desorden e incluso una cierta forma de rebelión están en el ambiente.

Como jefe de este pequeño grupo, tendrá que preocuparse si las cosas no suceden de esta manera, porque, en este caso, su equipo no funcionará nunca como un equipo debe hacerlo. Calme la situación y asegure a cada uno su importancia en la función que le ha sido asignada.

La fase de aceptación

A partir de esta fase, podrá comenzar a relajarse viendo a su equipo que empieza a moverse. Sus componentes mostrarán un cierto espíritu de grupo y comenzarán a trabajar. Desarrollarán estrategias para la toma de decisiones. Resolverán incluso conflictos internos y cumplirán las tareas subalternas con rapidez y eficacia.

Los resultados

Es la etapa que ha soñado. Sus componentes trabajan ahora en equipo, bajo su dirección, y los resultados comienzan a dejarse notar. A fin de ser un buen responsable, debe animar a su equipo (antes y durante la negociación), a utilizar su espíritu de iniciativa para resolver los problemas y tomar riesgos calculados en un momento dado.

Para progresar en esta fase lo más importante es poner el acento en los resultados.

Si en lugar de ello, se encuentra intentando resolver conflictos internos, significa que alguna cosa ha pasado en las etapas anteriores y que usted debía haberse enfrentado a importantes problemas.

Los signos reveladores de problemas en el equipo

Incluso si usted es un responsable dotado, las dificultades pueden aparecer. Sin embargo, estos problemas, causados por la incertidumbre, la decepción o el resentimiento pueden ser minimizados si está atento a los problemas que anuncian tormentas.

Un consultor especializado en la formación de equipos altamente preparados nos desvela algunos hechos reveladores de problemas futuros.

1. A veces y aunque sea perfectamente eficaz, el equipo infravalora la utilidad de su trabajo debido, con frecuencia, a una falta flagrante de interés y de cooperación por parte del resto de la empresa.

> *Como responsable del grupo es necesario que haga partícipe*
> *de los éxitos obtenidos por los componentes del equipo al resto de*
> *la empresa y que tenga respecto al equipo reacciones positivas.*

2. Otros dos problemas aparecen con frecuencia entrelazados: un sentimiento de frustración en cuanto a la atribución de las funciones de cada uno y la impresión, compartida por todo el equipo, de que el responsable toma todas las decisiones importantes sin consultar. Las preguntas concernientes a las funciones de cada uno serán estudiadas posteriormente en este capítulo.

3. La pérdida de confianza. Las reuniones de pasillo, por ejemplo, después de las discusiones, entre los diferentes componentes son muy reveladoras. Son características de dudas sobre la manera en que el responsable o algunos miembros del equipo llevan las negociaciones. Puede suceder también que uno o varios componentes del equipo comiencen a marcar ciertas distancias en relación a las decisiones tomadas en torno a una mesa.

4. Los retrasos que se producen en la ejecución de algunas tareas decididas y aceptadas en la reunión, indican que los miembros del equipo buscan protegerse, ya sea personal o profesionalmente.
 Si nota que el descontento crece, tome medidas antes de que se propague y ponga en peligro toda la negociación. Hable con cada persona implicada, hágale preguntas sobre la causa del conflicto, después tome la decisión que le parezca más oportuna. No puede permitirse que tales tensiones se manifiesten alrededor de la mesa de negociación. Siempre debe vigilar este tipo de problemas y constantemente el trabajo en equipo, a fin de modificar, si es necesario, su estrategia como responsable.

Las negociaciones en equipo

Veamos ahora cómo su grupo, perfectamente estructurado, va a comportarse en la negociación.
 Cuando negocia cara a cara, el estilo y el contenido de sus discusiones sólo le pertenecen a usted. En las negociaciones en equipo, otras cuestiones, dejadas de lado al comienzo de la negociación, deben ser tenidas en cuenta.
 He aquí algunas astucias que darán a su equipo más éxito y permitirán la firma del acuerdo en lugar de ver al equipo criticarse después de que la otra parte haya dicho un «no» categórico.

A lo largo de los capítulos anteriores hemos visto, que en ocasiones las negociaciones eran muy complejas. A veces requerían meses o años de trabajo antes de poder llegar a un acuerdo. Por esta razón, como por otras, quizá tenga necesidad de la cooperación de un cierto número de personas de su empresa; de ahí la denominación de negociación en equipo.

Se debe admitir, no obstante, que la mayor parte de las negociaciones de este tipo están dirigidas por personas que se acaban conocer. He tenido ocasión de hablar con muchas de estas personas que me han confesado haberse conocido en el autocar dirigiéndose a la sala de reuniones.

Con frecuencia algunos equipos atribuyen a la persona menos experimentada la función de ponente, y como es fácil de imaginar esto se muestra con frecuencia desastroso.

Trabajar en equipo en el marco de una negociación presenta ventajas e inconvenientes. Entonces, ¿cómo dirigir mejor a su equipo?

Cómo dirigir su equipo: las diferentes funciones

Una vez que haya formado su equipo, definido los objetivos y compuesto su *planning* de trabajo, debe decidir la función que cada uno desarrollará en el proceso de la negociación.

El *responsable*, usted, como su nombre indica, tiene la responsabilidad de todo el proceso. Eso no quiere decir que conduzca de manera forzada las discusiones, sino que procurará que su grupo trabaje de manera coordinada para ejecutar sus planes alrededor de la mesa.

El *portavoz* es el que se encargará de la gran mayoría de las intervenciones y quien llamará a los demás componentes del equipo cuando estén implicados en las diferentes fases del proceso.

El encargado de las cifras es la persona cuya misión será anotar todos los hechos y cifras mencionadas durante las discusiones. Como responsable no dé nunca su aprobación sobre ningún punto antes de haber discutido con él. Algo que parece satisfactorio alrededor de una mesa puede, proyectado a cinco o más años, revelarse muy poco atractivo en términos de beneficios.

Los expertos se integrarán en el equipo en las negociaciones que traten de asuntos jurídicos, financieros, marketing, procedimientos de fabricación u otros o cuando se tenga necesidad de la opinión de los especialistas.

El observador tiene sin discusión el papel más difícil, porque no toma nunca la palabra y no está verdaderamente integrado en el equipo. Su tarea consiste en observar a la otra parte e informar a los demás, durante los descansos, sobre lo que ha podido descubrir. Su función, no obstante, es muy importante, porque si por casualidad, usted u otro de los participantes de la otra parte acaba perdiendo su sangre fría, él permanecerá sereno y objetivo.

El sistema chino

Las personas que han participado en negociaciones de éxito desean hablar de su trabajo. El equipo de ventas de Pickles Auctions, en Australia, una de las más importantes empresas de todo el hemisferio sur, no es una excepción a la regla.

Esta es su historia.

Al final de los años ochenta, Peter Pickles se enfrentó a una de las ventas más extrañas de toda su carrera, la de un restaurante chino flotante. El establecimiento, el Taipan, se parecía a todos los que se pueden ver en Hong Kong pero destacaba imponente en la bahía de Sidney. Por muchas razones, el asunto no funcionó, y Pickles Auctions fue encargado de la venta en subasta.

La tarea le fue confiada a uno de los directores, que se encontró enfrentado a un gran problema: ¿cómo vender mediante subasta un restaurante flotante en un entorno en el que no era posible conocer el valor del barco?

El director y su equipo analizaron el trabajo y decidieron que el mejor medio de hacer una estimación del precio del restaurante flotante y venderlo era establecer contacto con profesionales de Hong Kong y Singapur. Tuvieron razón porque, hoy día, el restaurante está anclado en el puerto de Singapur, donde numerosos clientes aprecian la cocina que se sirve.

Las buenas noticias se difunden rápidamente. Pickels Auctions fue contactado algunos meses más tarde por el gobierno chino en relación a un problema similar.

Los chinos habían construido el restaurante flotante más grande destinado a la provincia de Guandong, en el sur de China. Estaban persuadidos en esa época, de que el turismo se desarrollaría, que la región llegaría a ser próspera y que, de hecho, la región debía beneficiarse de sus atractivos para los turistas.

Con sorpresa, se encontraron enfrentados a dos hechos que no habían previsto sobre una relación de «y si...». Por una parte, el hecho de la masacre de Pequín había hundido el turismo, y por otra, se había construido sobre el río en el que debía instalarse el restaurante un puente que impedía llegar al destino.

Por lo tanto se enfrentaban a un dilema. El banco que había financiado la operación reclamaba su dinero y la República Popular de China no deseaba el restaurante.

¿A quién, en su opinión, pidieron auxilio? Naturalmente a Pickels Auctions.

Después de largos meses de duras negociaciones, el equipo de Pickels obtuvo el derecho a vender el restaurante flotante mediante subasta. Esto representó para todos un enorme trabajo y dedicación por parte de todo el equipo, dado que las negociaciones tuvieron lugar en la provincia de Guandong.

El director del equipo se encontraba no sólo lejos de este lugar sino también del equipo con el cual estaba acostumbrado a trabajar, aunque no dudaba de la eficacia del mismo, compuesto por personas de nacionalidades diversas, colocadas bajo su responsabilidad.

«Esta venta no hubiera podido realizarse sin él, declaró. La dificultad más importante consistía en establecer la confianza con la otra parte y mostrarle que mi equipo podía llevar bien esta operación».

La reacción rápida de este responsable, su trabajo de preparación y su capacidad de negociación hicieron que la venta se realizase.

Este fue además un momento histórico, dado que este fue el primer bien del gobierno chino vendido mediante subasta.

Cuando la armonía reina en el seno de un equipo, los resultado no se hacen esperar.

En resumen

1. Para componer un equipo eficaz y dinámico, siga estas sugerencias:

elija a los mejores componentes;

no se preocupe de que se parezcan a usted;

intente tener en cada grupo a un representante de cada estilo.

2. Los equipos son «herramientas de trabajo». Habitúese a trabajar así en las negociaciones importantes. El mercado internacional es exigente en esta materia, y no falta competencia.

CAPÍTULO 9

El negociador creativo

*«Enriquecido con nuevas ideas, el espíritu humano
no vuelve nunca a su primera dimensión».*
OLIVIER WENDELL HOLMES

Cuando descubra libros con títulos como *Un bastonazo en la cabeza* o *No permanezca sentado sobre lo mejor de sí mismo*, su curiosidad se disparará antes incluso de leer las primeras páginas, y esperará encontrarse alguna cosa diferente. Roger von Oech, uno de estos autores acaba, en efecto, de darle el primer indicio de la importancia que concede a la creatividad.

Si pudiese asistir a los diferentes seminarios que preside sabría cuáles son los sesenta y cuatro indicios que presenta en *¡Creativo de choque!*

¿Creativo de choque?

¿De qué se trata? Sencillamente de buscar una manera creativa de revolver nuestras maneras de pensar habituales. Roger von Oech es un hombre que conoce el valor de la creatividad y de la innovación en el mundo de los negocios y ha concebido un método único para atraer nuestra atención sobre este punto.

Sus sesenta y cuatro cartas contenidas en su libro han sido elaboradas para poner su creatividad en estado de alerta y hacerle cambiar de costumbres.

El mensaje que quiere trasmitirnos —hay numerosas maneras de considerar una situación— es importante para los que como nosotros, trabajan en la negociación, pero también para el mundo en general.

La originalidad de las ideas de Roger von Oech no afectan solamente a su aspecto creativo, sino también a la manera en que son presentadas.

Observando una de las cartas durante un curso, comprendí enseguida el mensaje, transmitido por la breve historia que explicaba.

Creo que este mensaje será el mismo para todos, en el mundo de los negocios, pero deseo explicárselo y ver qué puede obtener.

Hace algunos siglos, algunas pequeñas ciudades de Europa, fueron asoladas por una extraña peste. Esta enfermedad dejaba a sus víctimas generalmente en un coma profundo y morían veinticuatro horas más tarde. Al descubrir a un par de personas que habían vuelto milagrosamente a la vida cuando se las iba a enterrar, se dieron cuenta con horror, que debían haber sepultado vivas a algunas personas.

La población se reunió urgentemente. ¿Qué hacer?

La mayoría decidió poner comida y agua en los féretros y esperar antes de proceder al enterramiento, a fin de que las víctimas, si todavía estaban vivas, pudiesen sobrevivir. Se trataba de una aproximación creativa con el clásico ganador/ganador (especialmente para quien se hallaba en el féretro).

Pero este plan no gustaba a todo el mundo. Los habitantes eran pobres y algunos emitieron objeciones. Se halló una solución menos onerosa (una «solución de urgencia» clásica, de hecho).

¿Por qué, sugirieron, no fijar una estaca en la tapa del féretro a la altura del corazón? De esta manera, una vez se hubiera cerrado el féretro, ya no había problema. El enfermo no corría el riesgo de ser enterrado vivo.

Esta historia esta destinada a hacer reflexionar al lector sobre los diferentes tipos de preguntas que se le podrían plantear en una situación dada y a buscar soluciones.

Manténgase atento en cuanto a la manera de interpretar cada información.

Ya ve cuántas aplicaciones puede tener eso en el marco de una negociación.

Busque siempre una aproximación creativa yendo hacia un esquema ganador/ganador. No obstante, su aptitud en este campo estará muy influenciada por su concepción de la situación. ¿Considera esta negociación como una batalla de ideas? ¿Piensa que siempre el más fuerte o el más duro consigue la victoria? ¿O una negociación es para usted el medio para acceder a acuerdos satisfactorios?

Si usted forma parte de estos negociadores que creen que el proceso de negociación es el punto de partida de relaciones a largo plazo con sus clientes, usted practica el estilo creativo.

En otras palabras, prefiere el planteamiento de «los alimentos y el agua» antes que el de la estaca en el corazón, la solución de urgencia.

Esta concepción le permitirá adoptar una actitud más flexible en la negociación y pensar en las diferentes opciones, a fin de que las dos partes lleguen a un acuerdo favorable.

A medida que nos adentramos en el siglo XXI, este concepto de creatividad, no solamente en el marco de las negociaciones, sino en el mundo de los negocios en general, llegará a ser determinante para la supervivencia de su empresa, a fin de que no llegue a ser únicamente un dato estadístico entre otras. Debemos, pues, esforzarnos en crear en un torno propicio a la creatividad, tanto para nosotros mismos como para nuestros equipos.

En el capítulo anterior, hemos evocado la eficacia de la negociación en equipo, veamos ahora cómo el trabajo de uno de estos grupos ha transformado la productividad de un país.

Hace algunos años, en Estados Unidos comenzaron a preocuparse por el desequilibrio de su balanza de pagos. Además, la situación estaba agravada por la llegada al mercado de los japoneses, que se imponían en el campo de los bienes de consumo, de los vehículos, de los productos manufacturados o de la siderurgia. Se necesitaba algo más que dinero o un aumento de la producción para enderezar la situación. Era necesario reconsiderarlo todo de una manera nueva y creativa.

Finalmente, hace unos años, Estados Unidos comenzó a invertir esta tendencia. Comenzaron a producirse bienes de mejor calidad, no sólo gracias a una tecnología punta sino también incrementando la participación de los obreros en la toma de decisiones e integrándolos en el equipo de producción.

La mejora que resultó es un ejemplo perfecto de la manera en que la patronal y los asalariados pueden trabajar conjuntamente para asegurarse su supervivencia gracias a los productos de calidad, mantener el crecimiento de su sector de actividad y reafirmar sus posiciones en el mercado.

Tal cooperación entre patronal y obreros tiende a desarrollarse hoy en día en gran parte del mundo. No obstante, no se ha hecho y no se hace sin problemas. Los sindicatos, preocupados por ver que tales equipos se constituyan bajo la influencia de los directivos de empresas, no aceptan fácilmente este cambio. Sin embargo, como la mayoría de estas negociaciones proporcionan tantas ventajas a los empleados como a la dirección, tales mutaciones son no solamente toleradas si no fervientemente impulsadas.

Uno de los ejemplos más claros es el acuerdo de once puntos que fue firmado en la fábrica SPC de Shepparton, en el estado de Victoria, en Australia, en enero de 1991.

Al margen de una importante campaña de desprestigio en la prensa, los trabajadores estuvieron felices de firmar lo que consideraban como un acuerdo ganador/ganador. Después de cuatro años pasados de graves problemas. SPC podía economizar millones de dólares australianos y los obreros conservar sus empleos. El consejo de administración, al borde de la desesperación, había preferido presentar los hechos crudamente y pedir a los empleados cooperación a fin de conseguir un acuerdo que salvaría a la empresa. Después de largas horas de discusión, los directivos y los representantes sindicales se pusieron de acuerdo para intentar encontrar un medio de economizar los dos millones de dólares necesarios para gozar del favor de la banca.

Los obreros aceptaron perder algunas conquistas, después de que habían hecho ya tantos sacrificios. El punto positivo para ellos era que iban a conservar su empleo y que se les entregarían acciones en compensación.

En 1992, estas acciones comenzaron la remontada. Esta historia sirve ahora de ejemplo cuando se quiere promover este tipo de flexibilidad en las relaciones patronal/asalariados.

El presidente de SPC lo explica sencillamente: «Era absolutamente imprescindible hallar una solución».

Aunque sean muy creativas tales soluciones no siempre son suficientes e incluso nuestras propuestas más favorables pueden verse sorprendentemente rechazadas.

Entonces nos mostramos incrédulos en medio del guirigay. «¿Qué ha pasado?, preguntamos sorprendidos. Nuestro trabajo de preparación era perfecto, hemos respetado las diferentes etapas, hemos sido creativos..., ¿entonces?».

Probablemente le ha pasado alguna vez en su carrera (o, no lo dude, le pasará).

Las cosas pueden complicarse debido a dificultades menores o mayores, pero esto nos da motivos, cualquiera que sea el caso, para darnos cabezazos contra la pared.

No tengo soluciones para proponerle, porque no las hay para situaciones tales como estas, pero podrá plantar cara a esta contingencia si sigue etapa por etapa el proceso de negociación explicado en esta obra.

Muéstrese dispuesto para todas las eventualidades, asegúrese de haber previsto todas las opciones posibles a fin de disponer de cierta flexibilidad en sus decisiones, si la situación se complica, haga una pausa.

No pierda de vista que la otra parte, igual que usted, también desea ganar.

Aborde la negociación con equidad y buena voluntad. Actuando así, estará seguro de alcanzar una negociación reflexionada. Cada acto, cada acuerdo sirve para construir relaciones a largo plazo con el cliente con el que negocie. Incluso si esta vez pierde, será de hecho el gran ganador porque habrá ganado respeto y una buena reputación gracias a su imparcialidad y a su capacidad para proponer soluciones creativas que se integren en un esquema ganador/ganador. Esto no está tan mal.

Y estaría mejor, si la otra parte se mostrara tan bien dispuesta. ¡estaríamos menos estresados!

Pero como no vivimos en un mundo imaginario, hemos de esperar, que un día la otra parte rehuse negociar.

Qué hacer, entonces, cuando no parece que haya soluciones posibles y usted se pregunta, pensativo: «¿por qué querer negociar en este caso?»

¿Por qué negociar?

Hace algún tiempo, durante cuatro días, di algunas conferencias sobre las técnicas de negociación a cuadros superiores de IBM que estaban muy motivados. Trabajaban en ese interesante mercado y estaban muy impacientes por familiarizarse con la negociación creativa. Estas conferencias también fueron muy enriquecedoras para mí.

En una de las pausas uno de los participantes vino hacia mí.

«Lo que dice es interesante, pero querría preguntarle una cosa. ¿Por qué cansarnos en intentar negociar si los representantes de la otra parte, permanecen en sus posiciones, especialmente en relación a los precios?».

«Buena pregunta, —le respondí—. Sencillamente porque si no estuvieran interesados en sus propuestas no continuarían discutiendo con usted y habrían cerrado la puerta hacía rato».

«No es ninguna tontería», concluyó antes de irse, aparentemente satisfecho, a tomar un café.

No es el primero en plantearme este tipo de pregunta. Después de una larga jornada de discusiones, mientras la otra parte permanece en sus posiciones relativas a los precios, buen número, de nosotros está tentado de alzar los hombros y decir:«de acuerdo, abandono», y volver a su casa.

Actuar de esta manera permite liberarse de las tensiones, pero no es la mejor actitud que se puede adoptar.

En primer lugar, porque deja una sensación de fracaso y de frustración.

En segundo lugar, porque estropea sus posibilidades de reconsiderar de una manera creativa las diferencias y encontrar una solución que convenga a todos.

No abandone. Mientras la otra parte discuta, no todo está perdido. Evidentemente, eso le dará un poco más de trabajo y de compromiso. De hecho, quizá tengamos necesidad de darnos un buen cabezazo para que nuestras células se pongan a funcionar y hallemos soluciones originales.

¿Se acuerda de una negociación, tan compleja como posible, debido, especialmente, a un problema de precio?

¿En qué consistía la dificultad?

¿Eran previsibles las soluciones propuestas?

¿Alguien había intentado considerar el problema desde un ángulo totalmente diferente?

Piense en los diferentes resultados enfocados. ¿Cree que hubiera sido posible encontrar otro? ¿Ve ahora una posibilidad que se le escapó entonces? La mayor parte de los problemas, comprendidos los relativos a la cuestión de precios, pueden ser resueltos si las dos partes buscan conjuntamente una respuesta.

Debo, no obstante admitir, al margen de estas palabras, que algunas negociaciones acaban en un punto muerto. Las negociaciones del GATT (General Agreement on Tariffs and Trade) son el ejemplo perfecto de lo que puede suceder cuando una de las dos partes no juega limpio o no tiene, a primera vista, intención de llegar a un acuerdo.

Los acuerdos del GATT estaban destinados a regular el problema de las subvenciones destinadas a los agricultores y del proteccionismo practicado por las grandes empresas. La Uruguay Round comenzó en Punta del Este en 1986 y acabó, con un fracaso, en diciembre de 1990 cuando la Unión Europea rehusó suprimir las subvenciones que concedía a sus agricultores.

Los participantes en la conferencia parecían querer hallar, al principio, un plan satisfactorio para las dos partes, para todos los países que mantenían relaciones comerciales, pero algunos negociadores no lo veían de la misma manera y sólo deseaban proteger sus intereses.

Desde principios del año 1992, los observadores decían, no sin cierto cinismo, que las conferencias durarían hasta el año 2000. A finales de 1992, Estados Unidos lanzó la primera salva intentando arreglar el problema. Su intervención hoy día ha pasado a la posteridad.

Podemos extraer una lección de estas palabras y servirnos de ellas en nuestras negociaciones comerciales. Si admitimos que las dos partes buscaban realmente un acuerdo, las discusiones sobre los precios, las fechas de entrega y otras más, deben aparecer durante la fase de negociación propiamente dicha y no en el momento del acuerdo. Y esto es válido tanto para nuestro más importante cliente como para un grupo de asalariados con los cuales debemos negociar nuevos acuerdos salariales.

Cuando se analiza la podredumbre de una negociación como fue el caso del GATT, la causa del problema se ve evidente.

Ahonde un poco más profundamente y descubrirá la causa del fracaso: la falta de comunicación entre las dos partes.

Los problemas de comunicación envenenan nuestra vida todos los días. Los consejeros matrimoniales se han ocupado de numerosas parejas que han sufrido este problema. Los grandes almacenes rebosan productos que enseñan a los padres a hablar con sus hijos o a los asalariados a discutir con sus patrones. Diviértase leyendo las demandas de empleo, en los anuncios por palabras y constatará rápidamente que pocos postulantes consideran que una buena comunicación escrita es esencial.

Esta falta de comunicación es uno de los principales obstáculos en la relación entre empleados/patronos, ¿Por qué, entonces, este fenómeno no aparece en el transcurso de una negociación?

Analice las causas del fracaso de una negociación, y descubrirá que este problema es el responsable.

Si quiere reducir este riesgo al mínimo, intente establecer una situación de estilo ganador/ganador concentrándose en la cuestión de las personas.

Cada negociación es, de hecho, una cuestión de personas.

Las técnicas de comunicación deben formar parte del repertorio de un buen negociador.

A fin de ser un negociador creativo, también debe disponer de toda una gama de aptitudes particulares que debe aprovechar durante todo el proceso. Igualmente debe ser capaz de inspirar y de instaurar relaciones sólidas.

Esto puede parecerle un poco excesivo pero piense, aunque sea unos pocos segundos, en algunos negociadores que usted conoce bien.

¿Cómo llegan a cerrar los acuerdos que les convienen?

¿Por qué la otra parte se dirige de nuevo a ellos en cuanto se presenta la ocasión?

Intente aprender de esas mujeres y de esos hombres los secretos de su éxito.

Ganan porque hacen gala de flexibilidad y poseen buenos conocimientos del comportamiento humano. En el mundo de los negocios de hoy día, se encontrará sometido a fuerzas diversas que vienen de todas partes, y le tocará hacer gala de vivacidad y de espíritu de análisis respecto a este fenómeno, antes, durante y después de la negociación.

Un negociador que aplique métodos creativos para resolver los problemas que se le presentan llegará siempre a un acuerdo, incluso en las circunstancias más difíciles.

El negociador creativo no considera las diferentes preguntas como obstáculos sino como ocasiones de hallar una solución. A menudo, las personas no tienen ninguna idea de su capacidad para hallar soluciones originales antes de que nadie les pida que intenten considerar un problema desde un ángulo poco habitual. En mis cursos intento, por tanto, dar a estas personas la ocasión de ejercer su creatividad.

A título de ejemplo, diviértase haciendo este breve test:

¿Según usted, cuántos cuadros hay en esta figura?

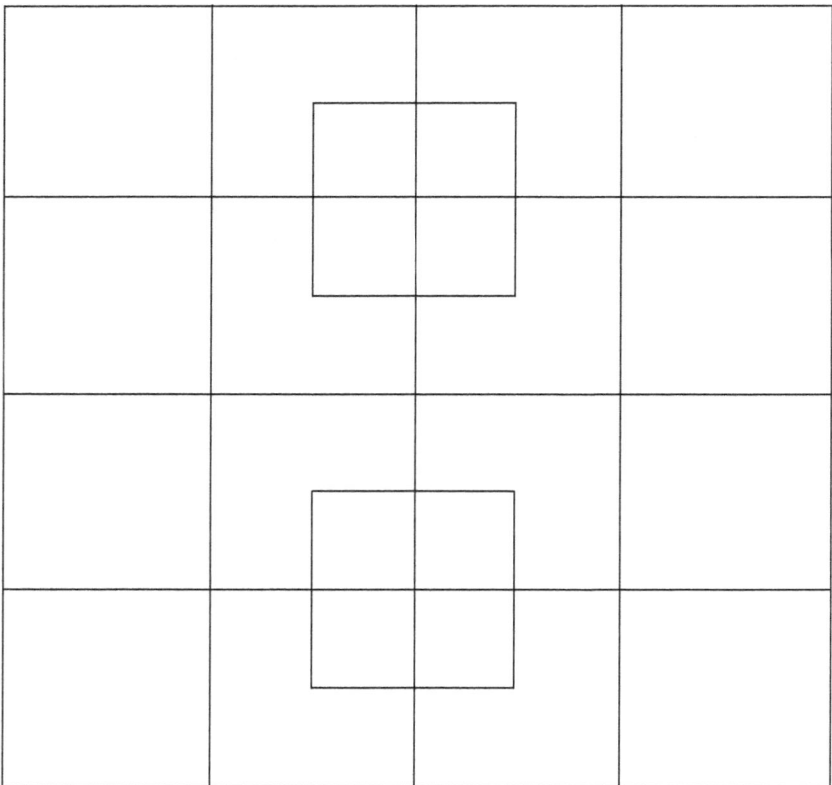

Anote su respuesta (solución en la página 187).

De esta manera he podido apreciar notables diferencias cuando los participantes buscan medios creativos para solucionar estos problemas.

Cada vez llegan no solamente a hallar otras soluciones además de las que son más evidentes, sino que descubren también medios para resolver otros problemas, sea en el seno de su empresa o durante las negociaciones.

Se puede destacar, por otra parte, que en este tipo de situación, el trabajo en equipo parece animar la creatividad y hacer brotar nuevas energías. Durante mi larga carrera, he trabajado con numerosos negociadores creativos que utilizaban todo su talento para hallar, cada vez que tenían ocasión, soluciones apropiadas. Elegir entre todas estas personas para determinar cuál es la mejor es imposible porque no se pueden establecer comparaciones entre personas que trabajan en entornos diferentes.

Hay dos equipos de negociadores cuyo trabajo, bajo presiones diversas, fue verdaderamente impresionante, hasta el punto de que todavía me inspiro en ellos. El primer equipo (americano) gozó de un renombre mundial. El segundo, el equipo de Pickels (australiano) no es tan célebre, pero haber colaborado con ellos permanecerá para siempre en mi memoria.

Robert Edward Turner III, fundador y presidente de Cable News Network (CNN), una cadena de televisión sobre información, fue nombrado hombre del año por la revista *Time*, en 1991, para Australia y Estados Unidos.

Necesitaría más páginas de las que dispongo en este libro para mencionar todo el trabajo realizado por Robert E. Turner, pero merece un lugar en este capítulo por su capacidad para desarrollar, en el seno de su empresa, un entorno creativo que repercutió a continuación en sus colaboradores y en las negociaciones internacionales.

Nadie ha olvidado la manera en que la cadena cubrió la guerra del Golfo, en 1990-1991.

Confiéselo. También usted se quedó enganchado al sillón, mirando día tras día el desarrollo de las operaciones, mientras compartía los temores del mundo y se preguntaba cómo se podría salir de esta guerra.

Debemos esta sorprendente cobertura de la guerra a las excepcionales capacidades de negociación de los directivos de la cadena. Algunos días antes del comienzo de las hostilidades dedicaron mucho tiempo y energía, con el objetivo de estar cerca, dispuestos para lo inevitable, a negociar en Bagdad la autorización para trasmitir.

Fue una obra maestra del género. Con la amenaza del conflicto acercándose a toda velocidad, las negociaciones debieron realizarse rápidamente, aunque las grandes decisiones no pueden tomarse generalmente más que después de una detenida reflexión.

Un sutil reparto entre rapidez y atención se imponía. Un error y todo estaba perdido. CNN invirtió millones de dólares para asegurarse los medios de enlace vía satélite, que necesitaba para trasmitir las imágenes al resto del mundo.

¿Valía la pena todo el esfuerzo y todo el trabajo?

CNN tuvo razón.

Igual que millones de espectadores que no se separaron nunca de su aparato de televisión o de su radio desde que comenzó el conflicto, yo me sentí fascinado por el realismo de las informaciones proporcionadas por los periodistas enviados a Bagdad.

Todas las preocupaciones de la vida cotidiana no tenían ninguna importancia. Durante las primeras horas del conflicto, iba a limpiar mi coche y me olvidé esconder la antena, lo que hizo que no pudiera retomar la escucha hasta una hora más tarde, después de haber comprado una antena nueva.

¿Qué serie de televisión o qué película hubieran podido rivalizar?

¡Ninguna!

Pero también existen en otras partes negociadores dotados como Peter Pickels en Pickels Auctions.

Los directivos que forman el equipo están entre los negociadores más tenaces y quizá los más *alocados* con los que he trabajado.

¿Locos? ¿No es esta palabra una contradicción con todo los que acabo de decir a propósito de una preparación cuidadosa, de una elección juiciosa y un buen análisis de las soluciones?

En absoluto.

He dicho locos porque la energía y el ritmo que emanan de su manera de adaptarse, minuto a minuto, a las exigencias de la negociación, su manera de tomar en consideración los factores de riesgo y su rapidez de reacción son verdaderamente impresionantes. El equipo de Pickels comparte de corazón la opinión de Peter según la cual el tiempo es el elemento crucial en el éxito de una empresa. Sus colaboradores toman decisiones al momento, sin agenda ni reuniones, son decisiones de sentido común, tomadas en tiempo real y que funcionan.

Igual que el equipo de la CNN, Peter Pickels y sus directivos consideran una negociación como un continuo de situaciones diversas. Están siempre dispuestos a enfrentarse a los cambios. Mientras los observaba, les he visto tomar con celeridad riesgos calculados y finalmente cerrar un negocio cuyo resultado era más que aceptable para las dos partes.

La sensación final de júbilo

¡Qué sentimiento de júbilo debieron sentir Cristóbal Colón y su equipo el día en que la Tierra apareció por fin en el horizonte! Todo el duro trabajo y los riesgos eran por fin recompensados. ¿No es así cómo debería sentirse después de cada negociación?

Esto es lo que debería experimentar si:

— ha realizado bien el trabajo de investigación;
— ha preparado su cuadro de negociación;
— ha realizado una oferta dinámica;
— ha buscado de una manera creativa un acuerdo.

En fin, puede decir «sí» a la última oferta que le acaban de hacer y disfrutar de su decisión.

Habiendo tomado parte durante muchos años en todo tipo de negociaciones, no me sorprendí al ver que mis sentimientos sobre las negociaciones eran confirmados por las investigaciones que hice para la redacción de este libro, realizadas mediante la observación de los gran-

des negociadores. Era evidente para mí, por otra parte desde hacía mucho tiempo, que los grandes negociadores disponían de cuatro cualidades que los distinguían de los demás.

Las cuatro cualidades de un gran negociador

1. Creatividad.
2. Capacidad de adaptación.
3. Motivación.
4. Capacidad para abandonar la sala.

Plantéese si tiene estas facultades, y mientras tanto, intente comprender por qué cada una de estas cualidades es tan importante en esta profesión.

Reflexione sobre negociaciones en las que haya participado estos últimos meses y piense en las que fueron un éxito.

¿Los negociadores demostraron capacidad de adaptación y de motivación?

¿Estaban dispuestos a afrontar la opción que consistía en dejar la sala?

¿Por qué se sintió satisfecho a la conclusión del acuerdo? ¿Por qué tenía ganas de trabajar con ellos? Valore sus respuestas y sueñe, para el futuro, en inspirarse en su forma de operar.

Creatividad

¿Cuántos cuadros ha visto en la figura de la página 176? Para llegar a ser más creativo lea y relea este capítulo. Lea también otras obras sobre este tema.

Mantenga la mente abierta y curiosa.

Capacidad de adaptación

Ser capaz de adaptarse durante una negociación significa que uno tiene la posibilidad de pensar y reaccionar rápidamente.

La CNN demostró esta capacidad organizando muy rápidamente las negociaciones que le permitieron asegurarse la transmisión de los acontecimientos y, por la misma razón, darse a conocer en el mundo entero.

Sus directivos habían realizado, como se suele decir, sus deberes.

Los de Pickels Auctions también.

Los dos equipos sabían que una inversión total en la preparación de las negociaciones los pondría desde el comienzo en posición de fuerza.

Esta facultad de adaptación exige a veces tener talentos con capacidad de visionario. En efecto, deben ser capaces de modificar su comportamiento, en función de los cambios que se producen durante la negociación. Por ello su *planning* de negociación sólo debe ser una guía.

Si las informaciones de las que dispone cambian durante el procedimiento, rectifíquelo.

Así, estará siempre en condiciones de seguir el cambio. Esto le permite trabajar sobre puntos en los que puede tener una cierta influencia y olvidar aquellos en los que no puede hacer nada. ¿Por qué inquietarse por cosas contra las cuales no puede hacer nada?

A menudo veo a directivos que son presa de tanta angustia y tanto estrés que se quedan como paralizados. Esto reduce su capacidad de adaptación y en consecuencia su eficacia. Saber adaptarse significa, por tanto, que se es capaz de tener una visión objetiva de una negociación y obtener el mejor acuerdo posible, en función de las circunstancias. (Atención: no necesariamente el mejor precio, sino el mejor acuerdo).

Voy a poner un ejemplo que me ha sucedido personalmente. Hacia mitad de los años ochenta, el alza inmobiliaria nos obligó, a mi mujer y a mí, a hacer gala de esa capacidad de adaptación.

Gillian y yo habíamos comenzado a visitar diferentes viviendas desde el comienzo del *boom* inmobiliario y en dos meses habíamos visitado sesenta. Asustados, veíamos aumentar los precios cada semana desde 25.000 a más de 100.000 pesetas, en función del barrio en el que se encontraban. Era una situación en la que el mercado inmobiliario parecía haberse vuelto loco.

A veces había hasta cincuenta personas que esperaban para visitar un piso o una casa. Las personas se precipitaban, los visitaban a toda velocidad y, dirigiéndose hacia el empleado de la agencia, le decían: «Lo compro».

No era extraño ver a algunos compradores, aterrorizados con la idea de perder esta ocasión, proponer al vendedor sumas muy superiores a las solicitadas.

Brevemente, estos adultos en su sano juicio acababan de adoptar un comportamiento que no habrían tolerado en un niño. Ira y decepción les llevaban también a acusaciones injustificadas o a crisis de desesperanza.

Durante este periodo, el margen de maniobra para intentar negociar un precio era prácticamente nulo.

Era pues verdaderamente imposible aprovecharse de esta citada capacidad de adaptación.

Estábamos cada vez más desanimados.

Una tarde, vi un anuncio de una casa con tres habitaciones en una pequeña urbanización.

Telefoneé a la agencia y descubrí que sólo quedaba una casa. El resto, aunque sólo hacia tres días que habían salido al mercado ya estaban vendidas.

«Si me decido muy rápido, le dije al vendedor de la agencia (cruzando los dedos), y concluimos a continuación, ¿Podemos discutir el precio?».

El responsable se rió y me respondió en un tono compasivo: «No, el precio es el indicado».

Teniendo en cuenta la situación del mercado, no podía esperarme otra respuesta. Yo, por otra parte hubiera contestado lo mismo. Dado que no podía hacer nada para modificar el precio, era necesario que reflexionase, que hallara otra solución, que me adaptase a aquellas circunstancias concretas.

Fue hablando con el responsable de la agencia, como me di cuenta de que el promotor tenía necesidad urgente de liquidez; esta era nuestra única posibilidad.

Solamente podíamos hacer una cosa, dado que no podíamos casi influir en el propietario, decidirnos a la velocidad del rayo con el objetivo de que la casa no se nos escapase.

Demostrar capacidad de adaptación durante el transcurso de una negociación consiste en saber si se puede o no ejercer influencia sobre una decisión.

LA CAPACIDAD DE ADAPTACIÓN	
Puede influir sobre	**No puede influir sobre**
Su presentación	Su equipo
Sus investigaciones	Sus hechos
Sus preguntas	Sus respuestas

Esta relación no es exhaustiva, pero, en lo esencial, ser capaz de adaptarse consiste en saber cuándo y cómo puede influir en las decisiones de la otra parte y tener conciencia del instante en el que es necesario dejar de realizar su parte de trabajo en el proceso.

Motivación

Ya hemos hablado con detalle de lo que le motiva en una negociación. Vamos ahora a interesarnos en lo que anima a la otra parte a venir a sentarse alrededor de la mesa.

Hemos visto un ejemplo de los diversos factores que motivaron a las dos partes durante la guerra del Golfo. Mirábamos la televisión, noche tras noche, para ver por fin a Saddam Hussein liberar a los rehenes que le servían de escudo humano.

Sus familias y amigos suplicaron en público al gobierno americano que hiciera alguna cosa.

Las primeras tentativas para intentar obtener la liberación de los rehenes se resumieron en una oferta de rescate. Personalidades célebres, del mundo entero, se acercaron a Kuwait o Bagdad para intentar negociar su libertad.

Este acercamiento, de hecho, era un error, porque Saddam Hussein no estaba interesado en el dinero. Al contrario, quería que se le considerase como un hombre caritativo, que a los ojos de todo el mundo, liberaba a los rehenes.

Las primeras tentativas de negociación fracasaron porque los negociadores no habían comprendido cuál era su primera motivación y lo que le haría decir «sí». Saddam Hussein no deseaba dinero; quería hacerse propaganda.

No olvide nunca esto porque es esencial para el éxito de la negociación: el dinero no constituye nunca la única motivación.

Existen numerosas teorías sobre la motivación, pero los consejos que vienen a continuación son sencillos y pueden ser aplicados a cualquier situación.

1. Primero determine la necesidad dominante de la otra parte. Conocerla es lo único que le puede permitir llegar a un acuerdo. Por ejemplo, si la otra parte tiene problemas de tesorería, la necesidad inmediata es el dinero.

2. En segundo lugar, determine lo que la otra parte considera un beneficio razonable. Su decisión final vendrá dictada por la importancia que se conceda a este factor. Por ejemplo, un contrato puede basarse en un activo cuyo valor está a la baja. Proponiendo un pago en especies más importante de lo normal, podrá conseguir el contrato.

3. En tercer lugar, comprenda el riesgo asumido por la otra parte. Olvide el riesgo asumido por la empresa, pero considere el asumido por los negociadores como personas. Si este riesgo les parece aceptable para ellos mismos, entonces comenzarán a reflexionar sobre el impacto que la negociación tendrá sobre la empresa.

En cuanto tenga, gracias estos conocimientos, una idea precisa de lo que espera la otra parte, podrá comenzar a hacerse una idea clara de lo que le lleva a negociar.

La etapa siguiente consiste en alcanzar este mismo nivel de conocimiento en lo que le concierne a usted y a su equipo.

Si le es imposible identificar la necesidad dominante, el beneficio y el nivel de riesgo para las dos partes, la situación entonces es clara: no busque la negociación.

Capacidad para abandonar la sala

Puede estar seguro de que cuando las personas saben que usted es especialista en algunos aspectos, quieren conocer uno de sus «pequeños secretos» o conocer su opinión sobre un asunto que les preocupa.

John Barker es un formador australiano especialista en relaciones humanas. Se le pide sin cesar cómo interpretar rápidamente reacciones del adversario en una negociación. Efectivamente las personas adoran las *soluciones rápidas*.

La cuestión también me toca a mí. En cuanto descubren que las negociaciones son mi especialidad, me preguntan enseguida estrategias para llegar a ser mejor negociador.

Esto es lo que siempre respondo (lo que evitará que, a su vez, usted me plantee la pregunta):

La primera de las cualidades que debe tener un negociador es saber decir «no» y saber dejar la mesa de las negociaciones. No acepte nunca soluciones fáciles. Diga «no».

Si cierra este libro habiendo grabado esta idea en su cabeza, el precio de esta obra le parecerá una simple gota de agua en el mar. Comparado con los ahorros que realizará y que logrará para su empresa.

Sí, *abandonar la mesa* implica una asunción de riesgos, porque no es fácil tomar una decisión como esa (en circunstancias a veces extremadamente difíciles).

Sin embargo, recuerde que dejar la sala es más fácil cuando haya previsto esta posibilidad en su *planning* de trabajo.

Realizado esto, sabrá de una vez por todas cuándo se ha alcanzado la salida más desfavorable.

Diría, incluso, que gracias al *planning*, podrá dejar la sala sin miedo. Sin este instrumento, tendría que haberse batido con su ego, ¿adivine quién habría ganado? Su ego, sin duda.

Saber cuál es el resultado más desfavorable y tener la capacidad de levantarse y salir, le coloca en la línea del éxito.

Dado que hemos comenzado con Cristóbal Colón, este gran aventurero, vamos a terminar también con él, que nos enseña las diversas técnicas de negociación. Cristóbal Colón hizo gala, en su trato con los reyes de Castilla y Aragón, de mucha perseverancia y disciplina.

Siga sus enseñanzas.

Descubra que la mayor parte de las negociaciones siguen el mismo esquema. Como Cristóbal Colón, los grandes negociadores saben que las noches breves, las horas pasadas haciendo averiguaciones, las largas reuniones son, a menudo, rentables.

Hacerse ayudar por un «abogado del diablo» en la fase de preparación le ayudará a desarrollar una proposición que no podrá ser rechazada.

Ser un buen negociador quiere decir también ser capaz de seguir las fluctuaciones de la negociación. Los marinos enrolados por Cristóbal Colón se amotinaron veinte días después de la salida. ¿Abandonó Colón? No. Buscó una solución. Usted debe, como él, ser capaz de manejar situaciones de este tipo durante todo el proceso.

Sea perseverante, porque cada etapa franqueada, aunque sea poco, le conduce al éxito. Sabiendo que la travesía será difícil, esté dispuesto a desplegar las velas y a cambiar de rumbo y descubrirá, como Colón, que su navío, gracias a este saber hacer, superará las olas a varios nudos por hora.

Siguiendo este libro habrá aprendido que todo se puede negociar, desde el precio de un refrigerador hasta un acuerdo internacional. Siguiendo las diferentes etapas explicadas con detalle, evitando las trampas y sobre todo cultivando su creatividad, usted también llegará a ser un gran negociador.

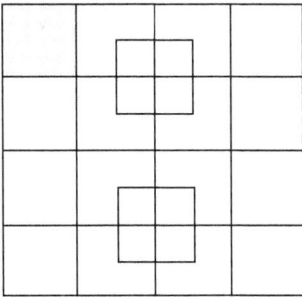 **16**

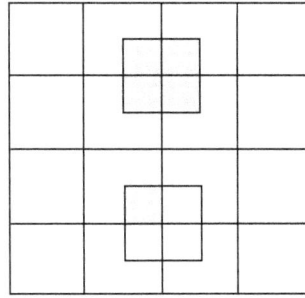 **10**

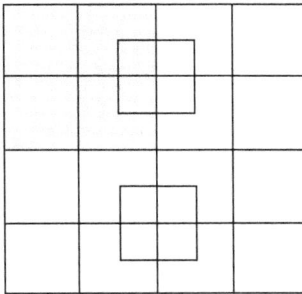 **4**

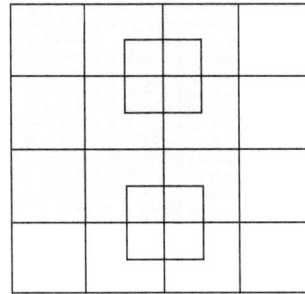 **4**

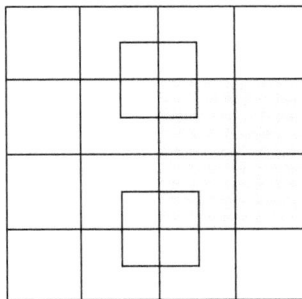 **5**

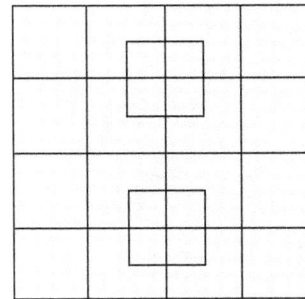 **1**

25   **+**   **15**

= 40 cuadros